確定申告

所得・必要経費・控除

得なのはどっち？

元国税専門官が教える！

元東京国税局職員
小林義崇

河出書房新社

本文中の情報は2019年11月現在の法令等に基づくものです。
法改正などにより、内容が変更となる可能性があります。

カバーデザイン＊こやま たかこ
カバーイラスト＊平松 慶
本文イラスト＊harunatsu
図表作成＊アルファヴィル
協力＊NEO企画

確定申告は難しくない！ ルールを理解して、正しい節税を——はじめに

「毎年確定申告をするのがとにかく面倒くさい」

「節税したいけど、どうしたらいいのかわからない」

毎年1月ごろになると、このような声をよく聞きます。

「国税庁レポート2019」によると、平成30年分の確定申告をした人は2222万人にも上ったとのことですから、相当な数の方が、毎年大変な思いをしながら確定申告をしていることが想像されます。

私も、フリーランスのライターとして毎年確定申告をしていますが、確定申告に対する抵抗感はありません。というのも、フリーライターになる前の約13年間を、東京国税局の職員として従事していたからです。

職員だったころは、おもに所得税や贈与税、相続税といった個人にかかる税金の調査をしていました。このほか、毎年1月から3月ごろにかけておこなっていたのが、確定申告の相談対

応や、申告書の審査業務です。

こうした経験によって、私は確定申告において、どういったところに間違えやすいポイントがあるのか、節税効果の違いを生むのか、といった点を理解することができました。

そのおかげで、独立後にはいくつかの節税策を講じることができ、幸いにして、独立間もないころの収入が少ない時期を乗り越えることができました。

ただし、節税をするために何か特殊なことをやったわけではありません。税務署から指摘を受ける可能性のある特殊な節税法ではなく、ごく当たり前の手法を確実に取り入れてきただけです。

本書で紹介している節税方法も、国税庁のホームページなどでも公開されている、一般的なものが中心となっています。

このように書くと、「この本を読まなくてもいいのでは?」と思われるかもしれません。でも、国税庁などの情報を見るだけで、本当に有利な節税方法を探し出すのは至難《しなん》の業《わざ》です。

官公庁の情報というのは、どこでもそうですが、あらゆる情報を平等に公開するという側面があります。そのため、効果的な節税方法があっても、自分とは関係しない膨大《ぼうだい》な情報に埋もれるということが起こりがちです。

日本の税制の原則は、「申告納税制度」です。つまり、納税者がみずから確定申告をするルールになっており、申告内容の一部は納税者の選択に委《ゆだ》ねられています。

ですから、たとえば本当は使えた節税策を使わずに確定申告をしたとしても、それは納税者の選択という扱いになります。税務署から、「あなたはもっと税金を安くできますよ」といった案内がくることは通常ありません。

このような理由から、**本書は、「得なのはどっち?」というシンプルな切り口で、より効果的な選択ができるように構成しています。さらに、節税とは直接関係しないものの、確定申告をスムーズに終わらせるためのアドバイスもいくつか加えました。**

確定申告は、ある意味で節税のための大きなチャンスです。気をつけるポイントは何なのか。どういった節税方法があるのか。私の実体験もふまえて、くわしく明かしていきます。

小林義崇《よしたか》

❶ 確定申告の基本ルール得なのはどっち？

❷ 必要経費の判断 得なのはどっち？

❸「控除」を活用 得なのはどっち？

❹「特例」を活用して節税 得なのはどっち？

❺ 申告書作成・納付手続き得なのはどっち？

1

確定申告の基本ルール 得なのはどっち?

選択
01

「確定申告」と「年末調整」得なのはどっち？

サラリーマンなら年末調整だけで十分でしょ？

正解 フルに節税するには「確定申告」が必須

本書のテーマは「確定申告」ですが、そもそも確定申告をやったことがないという人も少なくないのではないでしょうか。

節税をフルにおこなうためには確定申告は必須事項なのですが、人によっては確定申告をせずに済ませることができます。

これは裏を返すと、「節税のチャンスをみすみす逃《のが》している」ということです。

そこで、「そもそも確定申告とは何か」をまずは説明しましょう。節税を考えるには、「確定申告でできること」を大まかに理解しておくことが大切です。

確定申告の本来の意味は、「日本の税金に関する申告手続き」というものです。日本には所得税や贈与税、法人税、消費税など複数の税金があり、それぞれの税金について確定申告のルールが設けられています。

ただ、一般の人に関係するのは、ほとんどが「所得税」の確定申告です。所得税は、簡単にいうと、「個人の稼ぎに対する国税」ですから、誰にでも関係のある税金といえます。

そういった意味で、本書においては特別な説明がない限り、「確定申告」という言葉が出たら、「所得税の申告手続き」をイメージしてください（あとの章で贈与税の確定申告についても触《ふ》れます）。

つぎに、所得税の基本的なルールを理解しておきましょう。所得税は、毎年1月1日から12月31日までの個人の所得に応じて課せられるものです。

確定申告をするとき、自分の1年分の所得税を計算して、その結果を「確定申告書」に記載したうえで、翌年3月15日（休日の場合は翌日）までに税務署に提出します。確定申告の情報は税務署から地方自治体に引き継がれるので、申告が終わってから、地方税である「住民税」の通知がくるという流れです。つまり、確定申告は所得税と住民税を決めるうえで欠かせない手続きなのです。

ところが、会社員や公務員としてお勤めの方（以下、「サラリーマン」）の多くは、確定申告をせずに済ませることができます。なぜなら、サラリーマンの場合は、会社が個人に代わって所得税と住民税の手続きをしてくれているからです。

サラリーマンの人は、会社から交付される給与明細を見てください。所得税と住民税が差し引かれていませんか？　これは、あなたの税金を会社が天引きしているものです。

給与から税金が差し引かれることを「源泉徴収」と呼びますが、源泉徴収された税金は、会社から税務署に納税されることになっています。サラリーマンの方は自分で税金を払っている感覚が薄いかもしれませんが、じつはしっかり毎月税金を取られているというわけです。

ただし、源泉徴収される所得税は、あくまでも給与の収入にもとづく仮計算にすぎません。そのため、1年の終わりに、きっちりと所得税を計算して精算することになります。この手続きを、「年末調整」といいます。

サラリーマンができる節税の第一歩は、きちんと年末調整関係の書類を仕上げることです。「面倒くさいから」といって適当に処理するのはもったいないのです。

ここまでの説明を読んだ人は、「サラリーマンは年末調整があるから、確定申告なんて考えなくてもいいのでは?」と思ったかもしれません。

じつは、年末調整でできる手続きは一部に限定されます。つまり、年末調整ではできない節税方法は少なくありません。

本書で紹介する節税方法も、その多くは確定申告をしなければ使えないものですから、サラリーマンの人も、「確定申告をしたほうがいいのか、年末調整だけで十分なのか」ということを毎年考えていただければと思います。

【年末調整で手続きが可能な主な所得控除】

例	所得控除の種類
配偶者の給与収入が103万円以下	配偶者控除
配偶者の給与収入が103万円超201万円以下	配偶者特別控除
配偶者以外に16歳以上の扶養親族がいる	扶養控除
社会保険料を支払った	社会保険料控除
確定拠出年金（iDeCo）等に加入している	小規模企業共済等掛金控除
生命保険料を支払った	生命保険料控除
地震保険料を支払った	地震保険料控除
本人または家族が障害者である	障害者控除
シングルマザーまたはシングルファーザー	寡婦（寡夫）控除

選択
02

稼ぎは1万円でも多いほうがいいと思うけど…

サラリーマンの副業「20万円稼ぐ」と「21万円稼ぐ」どっちが正解？

正解　「20万円以内」に収めれば、所得税をゼロにできる可能性あり

昨今は、「人生100年時代」「働き方改革」といった言葉をよく聞くようになりました。副業を推奨《すいしょう》する会社も増えているようで、サラリーマンでも、第2、第3の収入源をもつ時代になりつつあります。

ここで問題になるのが、やはり税金です。副業により収入が増えるのは喜ばしいことですが、そこに所得税や住民税がかかることを忘れないようにしましょう。そして、確定申告をすべきかを検証しなくてはなりません。

ここで冒頭の設問に戻ります。「20万円」と「21万円」をくらべて、なぜ20万円のほうがよいのでしょうか。

その理由は、**「所得が20万円以内であれば、確定申告を省略することができる」というルールがあるから。確定申告を省略するということは、所得税がかからないということです。**

では、「確定申告をしなければならないサラリーマン」とは、どのような人なのでしょう。

ルールを簡単にまとめると、「給与収入が2000万円超の人」と、「副業の所得が20万円を

超える人」は、確定申告をしなければならないというわけです。これらのケースに当てはまらなければ、「確定申告をしない」という選択ができます。

ただし、ここが難しいところなのですが、「確定申告が不要でも、住民税の申告は必要」という点に注意が必要です。もし、確定申告をしないという選択をしたのであれば、その代わりに市区町村の役所に住民税の申告をしなくてはなりません。

また、「副業の所得が20万円以下であっても、確定申告をしたほうがいい」というケースもあります。これは、「1年間で源泉徴収された税額が、本来の税額よりも多い」という人。つまり、確定申告をすれば還付金《かんぷきん》が戻ってくるケースです。

たとえば、医療費控除など、年末調整では申請できなかった控除を申告する場合が考えられます。また、副業の所得が源泉徴収されている場合は、必要経費を加味《かみ》して確定申告をすることで、源泉徴収された税額の一部を取り戻せる可能性があります。

還付金が戻ってくるかどうかをシミュレーションしたい場合は、国税庁のホームページで公開されている「確定申告書作成コーナー」を使うと便利です。収入や経費などを入力すれば、最終的な税額を求めることができます。ここでシミュレーションをした結果、還付金が出るようであれば、たとえ確定申告が不要であっても、申告をしたほうがおトクです。

ちなみに、税金の計算方法はインターネットを使っても可能ですが、できれば、大まかにでも理解しておいたほうがよいでしょう。というのも、しくみを理解していないと、世の中にある節税方法が、どういった効果があるのかがわからなくなってしまうからです。

そこで、この項の設問をもとに、計算の流れを解説します。

最初に計算するのは「所得」です。所得とは、「収入（売上）－必要経費－特別控除」の計算によって求めることができます。

この算式の「特別控除」は、一定の要件を満《み》たした場合にしか使えません。ですから、この段階では考えなくても結構です。まずは「収入から必要経費を引いた利益」＝「所得」というイメージをもっておけば十分でしょう。必要経費については、第2章でくわしく説明しますが、とりあえずは「売上を得るためにかかった費用」とイメージしてください。

所得の合計額から所得控除を差し引いた金額（課税所得金額）に税率を掛ければ、所得税を求めることができます。 現在、所得税の税率は5％から45％の7段階。課税所得金額が371万円であれば、「371万円×20％－42万7500円」という算式で、所得税が求められます（1000円未満の端数《はすう》金額は切り捨て）。

さらに、住民税もあとからかかってきます。住民税の計算は所得税とは若干《じゃっかん》異なるのですが、

【所得税の税率(平成27年分以降)】

課税される所得金額	税率	控除額
195万円以下	5%	0円
195万円超　330万円以下	10%	97,500円
330万円超　695万円以下	20%	427,500円
695万円超　900万円以下	23%	626,000円
900万円超　1,800万円以下	33%	1,536,000円
1,800万円超　4,000万円以下	40%	2,796,000円
4,000万円超	45%	4,796,000円

＊課税される所得金額(1,000円未満の端数は切り捨て)に税率を掛けて、控除額を差し引くと所得税の額を求めることができます。

ひとまず、課税所得金額の10%を住民税の目安として覚えておいてください。

副業で21万円の所得を得た場合、所得税と住民税を合計して6万円ほどの税負担が必要になります。もし、この副業の所得を20万円に抑えていれば、確定申告を省略することができますから、住民税の10%だけで済み、税負担は約2万円。手元に残る金額が多いのは、後者ということになります。

節税を考えるときには、このようにシミュレーションをしてみましょう。

なお、**2013年から2038年までのあいだは、所得税の2・1%が「復興特別所得税」として加算されます。**本書では、説明を簡単にするために復興特別所得税については割愛《かつあい》していますが、「所得税は2・1%増し」ということを頭の片隅に置いておきましょう。

選択03

「不用品を売って50万円稼ぐ」と「メルカリの売買で毎月2万円稼ぐ」どっちが得？

売れたら嬉しい。でも、税金の扱いはどうなるの？

正解 不用品なら、いくら売っても非課税

同じように物を売って収入を得ても、税金の扱いが違うケースがあります。

あまり知られていないようですが、不用品はいくら売っても非課税です。確定申告をする必要もまったくありません。

ここでポイントになるのが、その不用品が「生活用動産か」という点です。生活用動産とは、服や家具といった日常的に使う物をイメージしてください。

では、メルカリやヤフオクなど、個人が気軽に売買できるサービスを利用して、ひんぱんに転売をおこなうケースはどうでしょうか?

この場合、**「事業所得」または「雑《ざつ》所得」**として扱われます。メルカリからの収入を本業としてバリバリ稼いでいるような人は別として、通常は雑所得になります。雑所得は収入金額から必要経費を引いて計算するので、売上から仕入代金や送料などを引けば、その額を出すことができます。

ここで、前項で説明した「20万円ルール」が登場します。今回の設問のケースでは、「メル

【所得区分の一覧】

利子所得	公社債や預貯金の利子、貸付信託や公社債投信の収益の分配などから生じる所得
配当所得	株式の配当、証券投資信託の収益の分配、出資の剰余金の分配などから生じる所得
不動産所得	不動産、土地の上に存する権利、船舶、航空機の貸付けなどから生じる所得
事業所得	商業・工業・農業・漁業・自由業など、事業から生じる所得
給与所得	給料・賞与などの所得
退職所得	退職によって受ける所得
山林所得	5年を超えて所有していた山林を伐採して売った、又は立木のまま売った所得
譲渡所得	事業用の固定資産や家庭用の資産などを売った所得
一時所得	クイズの賞金や満期保険金などの所得
雑所得	年金や恩給などの公的年金等、非営業用貸金の利子、原稿料や印税、講演料などのように、他の9種類の所得のどれにも属さない所得

カリで毎月2万円稼いでいる」ので、年間20万円を超えてきます。そうなると確定申告をして所得税を納めなくてはなりません。**メルカリなどの売買では、収入から源泉徴収はされないので、あらかじめ自分で納税資金を用意しておく必要があります。**

このように、生活用動産かどうかで、税金の扱いが変わることをまずは理解しておきましょう。この点をふまえると、お金が必要なのであれば、まずは身のまわりの不用品を売ることからはじめたほうがよさそうです。

ちなみに、日常的に使っているものであっても宝石や書画、骨董品《こっとうひん》などを売った場合は、金額によっては課税される可能性があるので注意しましょう。

選択
04

「青色申告」と「白色申告」どっちを選ぶ？

正解 節税に使える特典が豊富な「青色申告」が正解

フリーランスなど個人でビジネスをしている人にとって、大きな節税効果を発揮するのが「青色申告」です。青色申告にすると、複数の節税法を同時に使えるようになります。

私自身、フリーライターとして独立したときから、個人事業を廃業して法人化するまでは青色申告にしていたので、年間十数万円の税金を節約することができていました。

ただ、まわりのフリーランスの人たちに聞くと、「なんだか面倒くさそう」という理由で青色申告にしていない人もいます。これはひじょうにもったいない話です。

そこで、ここでは青色申告のメリットをお話ししますが、その前に、「そもそも、青色申告とは？」ということを説明しておきましょう。

青色申告を利用できる所得は、「事業所得」「農業所得」「不動産所得」の3つに限られます。

したがって、個人事業主や農家、大家さんは利用できますが、サラリーマンは利用することができません。

青色申告を利用するには、「青色申告承認申請書」という書面を所轄《しょかつ》の税務署長に提出し、承認を受ける必要があります。ただ、厳しい審査があるというものではないので、事業所得、農業所得、不動産所得のある人であれば、きちんと申請をすれば大丈夫でしょう。

そして、青色申告の承認を受けた人には、「一定水準の記帳をし、その記帳にもとづいて正しい申告をする」ということが求められます。つまり、正規の会計のルールにのっとって帳簿をつねに作成することが必要です。

会計のルールについては、本書では踏み込みませんが、税理士に依頼しなくても、昨今の会計ソフトの発達によって、自分だけでルールにのっとった記帳をすることは、けっして不可能ではなくなっています。

要は、いまは青色申告にするのは、面倒でも難しいことでもないということ。そして、節税メリットが大きいので、ぜひ活用されることをおすすめします。

では、青色申告のおもなメリット3点を紹介しましょう。この他にもメリットはあるのですが、多くの人にとって活用しやすいものをピックアップしました。

まずは、「青色申告特別控除」です。これは**年間で最大65万円の特別控除を受けられるというもので、所得税だけでなく、住民税や国民健康保険料も下げてくれます。**

その効果は、65万円に税率を掛けると明らかです。もし、所得税と住民税を合計して30%の税率であれば、65万円×30％＝19万5０００円もの節税効果を毎年得ることができます。

ただし、青色申告特別控除には、65万円と10万円の２パターンが存在し、65万円の特別控除を受けるには、正規の簿記《ぼき》のルールで記帳することや、期限内申告をするといったルールを守る必要があります。確定申告の期限から１日でも遅れると、青色申告特別控除を65万円にすることはできません。

青色申告の２つ目のメリットは「青色事業専従者給与」です。

これは、**家族を雇って支払う給与を全額必要経費にできる**というもの。じつは、青色申告でなければ、家族への給与を全額必要経費にすることはできないのです。

個人でビジネスをしていると、家族に仕事を手伝ってもらうこともあるでしょう。私もフリーライターとして独立してからは、妻に事務作業の一部を手伝ってもらっています。その対価を必要経費にすることは、ひじょうに大きな節税メリットになります。

３つ目は、「損失の繰越《くりこ》し・繰戻し」です。こちらについては、具体的な事例を出したほうがイメージしやすいので、のちほどあらためて説明します。

このように、青色申告には少なくない節税メリットがあります。もし、事業所得、不動産所得、農業所得を得ている人であれば、積極的に活用することをおすすめします。

選択 05

開業届を「出す」「出さない」正解はどっち?

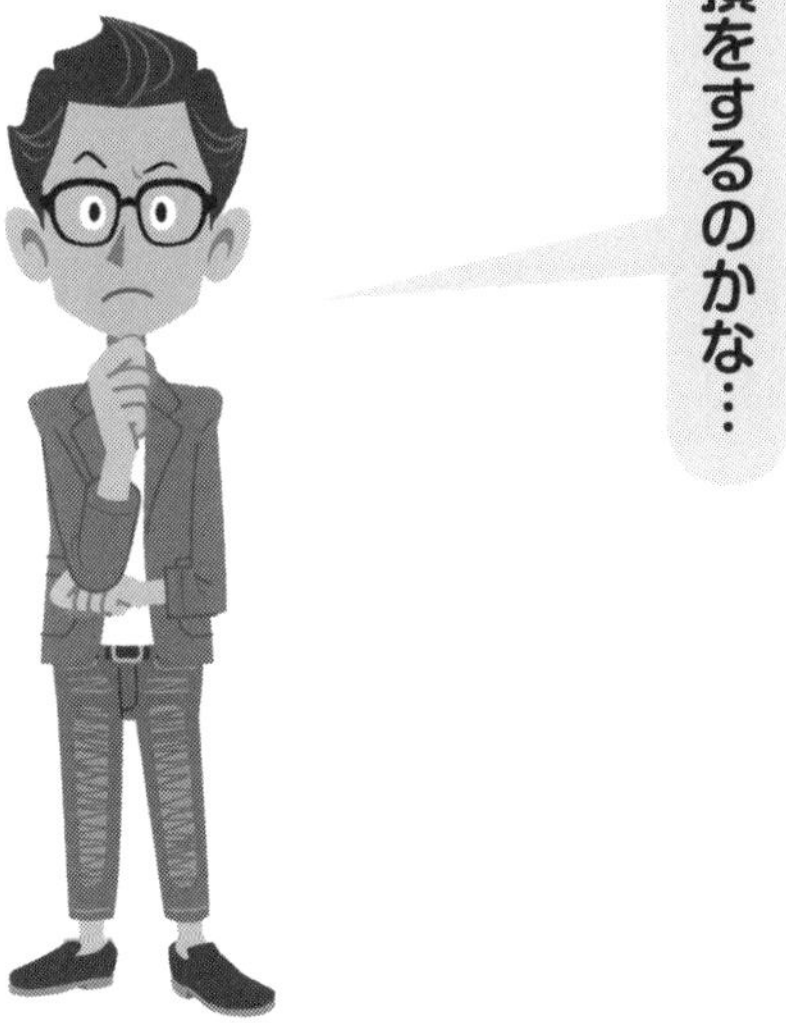
開業届を出さなかったら、やはり損をするのかな…

正解 開業届を出さないと、青色申告にできない

個人事業を開業すると、事業の開始日から1か月以内に、税務署等に「個人事業の開業・廃業等届出書」（以下、「開業届」）を提出する必要があります。

この開業届を出すべきかどうかを悩んでいる人は少なくないようです。というのも、法律上、「開業した」といえるのがどういった状況なのかが明確ではないからです。

しかも、開業届を出さなかったとしても、何か罰則を受けることはなく、税務署から「開業届を出してください」と連絡がくることも通常ないので、混乱する人が多いのもうなずけます。

とはいえ、開業届は基本的には提出したほうが納税者のメリットになるものです。なぜなら、**開業届を出すことによって、はじめて個人がビジネスで得た所得が「事業所得」として取り扱われるようになり、青色申告の恩恵を受けることができる**からです。

もし、開業届が出ていなければ、その所得は「雑所得」と判断されます。雑所得とは「他の9種類の所得のいずれにも当てはまらない所得」であり、副業で得た所得や、公的年金等が該《がい》当《とう》します。

つまり、「本業＝事業所得」「副業＝雑所得」というざっくりとした違いがあるのですが、税務署でいちいちこの判別をするわけにもいきません。何をもって本業かというのは、ひじょうに判断が難しいものです。

たとえば、ひとつの判断基準として、利益金額が考えられますが、本業のつもりで事業をしていても赤字になる可能性はあります。逆に、会社勤めをしながら、副業で会社の給与以上の収益を得る人もいるはずです。

このようなことを明確にするのは現実的に難しいので、「開業届が出ているかどうか」で判断されることになります。つまり、通常は開業届を出すことによって、はじめて事業所得として取り扱われるということです。事業所得であれば青色申告にすることもできるので、青色申告の特典を活用したいという人は、きちんと開業届を出すようにしましょう。

もしかすると、「副業でも、開業届を出せば青色申告にできるの?」と思われた方もいるかもしれませんが、これは何ともいえません。たしかに、開業届を出せば、ひとまずは事業所得として確定申告をすることができます。

でも、あとで税務署が申告書をチェックしたときに、疑念《ぎねん》をもたれる可能性はあります。とくに他に仕事をもっているような人は、要注意です。「この人は給与所得が1000万円もあるのに、事業所得もある。どういうことだろう?」と思われるかもしれません。

事業所得か雑所得かという問題については、過去に裁判で国と納税者が争いになったケースが何度かあります。この場合、その人の業務の内容や、お金の流れ、身体拘束《こうそく》の時間など、複数の要因から判断されています。

ちなみに、日常的に使っているこのような判例をふまえると、事業所得として認められるには、名刺をつくる、ホームページをつくるといった外形的なことも大切ですし、安定して収益を得られる状態であることも、ひとつの判断材料になるでしょう。

開業届を出すことによるデメリットも理解しておきましょう。こちらは国税ではなく、地方税に関する問題です。

地方税のなかには、「個人事業税」というものがあり、事業所得が290万円を超えると、個人事業税の対象となってしまいます。個人事業税の税率は業種によって異なりますが、たとえば東京都の場合、デザイナーは5%に設定されています。

とはいえ、個人事業税は年間290万円を超えた所得金額等に対して税率が適用されるものですから、そこまで重たい負担にはなりません。この点をふまえても、青色申告はデメリットよりもメリットが上回ると考えられるので、やはり開業届は提出しておくべきでしょう。

選択06

事業で赤字が出たら、申告する？申告しない？

正解 節税に活かせるので、かならず申告しましょう

開業届を提出して事業所得にするメリットは、事業で赤字が出たときにも発揮されます。具体的には「赤字を損益通算できる」というものです。

なかなか理解しにくいしくみなので、順を追って説明します。

たとえば事業所得がある人が、1年間の売上と必要経費をくらべたところ、赤字になったとしましょう。このとき、給与所得などの他の所得（総合課税所得）があれば、その所得と事業所得の赤字を合算《がっさん》することができます。そうすると給与所得などにかかる税額が少なくなり、還付金を受け取ることができます。

このように、わずかでも赤字の穴埋めをしたいというときに、損益通算はひじょうに役立ちます。この損益通算が、雑所得の場合は認められないのです。

ですから、極端な例ですが、1年間で給与所得が1000万円、副業の赤字が1000万円だったとすると、確定申告においては、「給与所得1000万円、雑所得ゼロ」として計算されます。じっさいはお金が手元になくても、給与所得1000万円をベースにして税金がかか

ってしまうというわけです。

もし、給与所得1000万円、事業所得の赤字が1000万円であれば、損益通算ができますから、税金はかかりません。このように、**赤字が出た場合に、事業所得なのか、雑所得なのかは大きな問題になります。**

それでは、設問に戻りましょう。もうおわかりのように、事業所得であれば絶対に申告すべきです。一方、雑所得であれば損益通算ができないため、申告せずとも問題ありません。

しかも、青色申告にしていれば、さらなる節税効果を期待することができます。先に少し触《ふ》れましたが、青色申告の特典のひとつである「損失の繰越し・繰戻し」を使うことができるからです。

「損失の繰戻し」とは、赤字を過去の年分にさかのぼって合算する方法です。令和元年分の事業所得が100万円の赤字という人がいたとして、この人の平成30年分の所得が300万円であれば、300万円−100万円=200万円として所得税を計算することが可能です。

一方、「損失の繰越し」は「未来に向けて損失を送る」ということ。翌年以降、最長3年間、赤字を繰り越すことができます。令和元年分から繰り越した赤字があれば、これを令和2〜4年分の確定申告に活用できるということです。

【損失の繰越しのイメージ】

年分	所得（赤字は△）	課税される所得金額	翌年への繰越し損失
平成27年分	△80万円	0円	80万円
平成28年分	50万円	50万－50万＝0円	80万－50万＝30万円
平成29年分	100万円	100万－30万＝70万円	30万－30万＝0円

損失の繰越しが活《い》きるのは、初期投資の多いビジネスです。お店を開くなど、創業当初に出費が重なるケースでは、出費をした年に十分に利益が出ないことが一般的でしょう。そうしたときに損失の繰越しをしておけば、そのあとに利益が出たタイミングで赤字を活かすことができます。

ただし、繰越しや繰戻しが活きてくるのは、損益通算しきれないほどの赤字があるケースに限られます。そういう機会は多くはないかもしれませんが、個人でビジネスをしていると、将来を完全に予測することはできません。

事業所得の赤字を確定申告することは、ある意味で保険をかけるようなものです。**もし赤字が出たのであれば、とりあえず確定申告をしておけば、将来の税負担リスクを軽減することができます。**

しかも、住民税や国民健康保険料の計算にも事業所得の赤字は影響しますから、忘れずに申告しておきましょう。

選択
07

不動産賃貸のほうが得な気がするけれども…

100万円の利益「事業」と「不動産賃貸」どっちが得？

正解 青色申告特別控除のハードルが低い事業所得が有利

ここまで、事業所得や青色申告について説明してきました。思い出していただきたいのは、青色申告を使えるのは、事業所得だけではなく、不動産所得や農業所得も可能だという点です。青色申告の節税メリットは、個人事業をやっても、大家になっても、農家になっても、受けることができます。

しかし、要注意なのが不動産所得の場合です。**じつは、事業所得や農業所得にくらべて、不動産所得の青色申告は少し条件が厳しいのです。**

事業所得の場合、青色申告の申請をすれば、基本的に通るという話をしました。開業届を出し、あわせて青色申告の申請書面も提出することで、開業時から青色申告のメリットを受けつづけることができます。

私の場合も、2017年7月9日に東京国税局を退官したので、その翌日の10日を開業日として開業届を出し、あわせて青色申告の申請をしましたが、問題なく承認を受けることができました。

そして、正規の簿記のルールにのっとって記帳をしていたので、青色申告特別控除の上限額65万円を独立1年目から活用することができました。

一方、不動産所得の場合、青色申告の代表的な特典である青色申告特別控除65万円と、青色事業専従者を使うには、記帳のルール以外にも条件が定められています。それが、**「事業的規模であるかどうか」**という点。具体的には、つぎのふたつのいずれかの条件を満たしていないと、事業的規模ではないと判断されて、青色申告特別控除65万円と、青色事業専従者給与を活用することはできません。

①独立家屋の場合、概《おおむ》ね5棟以上の貸付

②アパートなどは、賃貸《ちんたい》が可能な独立した部屋が概ね10室以上

いかがでしょうか。けっこうハードルが高いと思いませんか? 相続などで多数の賃貸物件を手にする人ならまだしも、新たに不動産賃貸をはじめようとする人にとっては、この条件をクリアするまでにはそれなりの時間がかかるはずです。

もし、この条件を満たすことができなければ、青色申告の承認を受けることはできても、事

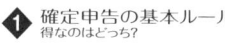

業的規模としては扱われません。そのため、青色申告特別控除は10万円に減額されてしまいます。マックスの控除額にくらべると55万円少ないわけですから、税金を多めに支払うことになります。

ここであらためて設問に戻ると、不動産所得よりも事業所得のほうが、早い段階で青色申告の特典を最大限享受《きょうじゅ》することができます。そのため、**もしこれから独立しようと考えるのであれば、税金面のことを考えると、不動産賃貸ではなく、個人事業をしたほうが合理的ということです。**

ちなみに、事業所得と不動産所得の両方もつ人はどうなるのでしょう?

ここで、「青色申告特別控除65万円をそれぞれの所得から差し引けるのでは?」と思われたかもしれません。でも、残念ながらそれはできません。

青色申告特別控除はあくまでも最大65万円で、不動産所得、事業所得の順番で引かれることになっています。たとえば、不動産所得50万円、事業所得400万円であった場合、不動産所得は50万円−50万円=0、事業所得は400万円−15万円=385万円ということです。

このように、事業所得と不動産所得のそれぞれから青色申告特別控除を差し引けるわけではないので、もし両方の所得が発生する場合は勘違いをしないようにしてください。

選択
08

売上「1001万円」と「1000万円」得なのはどっち?

たった1万円の違いなら、多いほうが得でしょ?

正解 売上1000万円を超えると、一気に消費税の負担増

2019年10月に消費税の税率が10%に引き上げられました。

多くの人が反対だったと思いますが、じつは少なくない個人事業主にとっては収入アップのチャンスになりました。

なぜ、消費税率がアップすると、収入が増えるのか。その理由を知る鍵がこの設問にあります。売上が1000万円か、1001万円か、たったそれだけの違いで大きな差が出てくるのです。

まずは消費税のしくみを簡単に説明しましょう。

消費税を申告・納税しなくてはならない事業者を、「課税事業者」と呼びますが、課税事業者の条件は、1年間の課税売上（消費税の対象となる売上）が1000万円を超えた場合となっています。

逆にいえば、課税売上1000万円を超えなければ、消費税は申告も納税も必要ないわけです。そうすると、課税事業者ではない個人事業主は、受け取った消費税をそのまま自分の収入

にすることができます。

たとえば、フリーランスとして100万円(税別)の条件で仕事を請《う》けおうと、税込110万円の報酬を受け取ることができます。

このうち10万円は消費税ですから、課税事業者であれば、この金額が消費税の納税額に反映されるので、実質的な受取金額は100万円になるはずです。

しかし、**課税事業者でなければ、消費税の確定申告さえも必要ないわけですから、110万円をまるまる手にすることができます。**消費税の税率改正の前であれば、受取金額は108万円だったので、税率アップによって収入が増えたことになるわけです。

このしくみには、不公平な側面があることは否《いな》めません。消費税を支払っている人たちは、そのお金が国や地方にまわると考えているのに、お金の流れは違っているのですから。

さらに、事業の種類によっても不公平感はあるでしょう。消費税の課税事業者の判定は売上規模によってなされますが、業種によって利益率が異なるからです。

私のようにひとりでフリーライターをしていれば、あまり必要経費はかかりませんから、売上の多くは手元に残ります。ということは、売上を1000万円以下に抑えながらも十分に生活できるということです。

逆に、利益率の低い商売、たとえば飲食業は、仕入れや店舗家賃などの必要経費がかかりますから、こうした経費に見合う売上を上げなくてはなりません。すると自然と売上規模は1000万円を超え、消費税の課税事業者になってしまいます。

消費税の課税事業者になるか、ならないかは、とても大きな違いです。納税の負担だけでなく、所得税の確定申告の他に、別途、消費税の確定申告の手間もかかってしまいます。

そういう意味からすると、**フリーランスの人で、消費税の課税事業者になりそうな場合は、売上が1000万円を超えないように仕事を絞《しぼ》ってもいいかもしれません。**

ただし、消費税に関するルールは今後も改正がつづくことが予想されます。課税事業者にならないことが、つねに得というわけではありませんので、今後の改正動向についても注目してください。

また、消費税を納める必要が生じた場合は、「未納」に注意しましょう。じつは、消費税はとくに未納が多い税金なのです。

未納のリスクについては第5章でくわしく解説しますが、追徴《ついちょう》税が課される可能性もあるので、消費税の課税事業者の場合、売上からあらかじめ消費税分だけを貯めておくなどして、納税資金を確保するようにしてください。

選択
09

100万円の利益「株」と「ビットコイン」どっちが得？

ビットコインに投資してみたいけど
税制面はどうなっているんだろう？

正解　ビットコインは、税金面では最悪

投資をする場合、税金のしくみを理解しておくことはとても大切です。金融商品に投資し、高く売却できたとしても、利益にかかる税金のことを考えると、思ったほど手元にお金が残らないということにもなりかねません。

とくに認識しておきたいのは、同じ投資であっても、その中身によって税金の扱いが異なるという点。設問に掲《かか》げた株式とビットコインの違いは、その最《さい》たるもので、現在のルールでは株式にはさまざまな優遇制度が用意されている一方、ビットコインなどの仮想通貨に対する扱いはひじょうに不利です。

その理由はいくつかあります。まず理解しておきたいのは、**株式の売却益が「申告分離課税」であるのに対して、ビットコイン投資は「総合課税」の雑所得である**という違いです。

ここまでに説明してきた給与所得や事業所得、雑所得は総合課税に区分されます。このカテゴリーに入ると、各所得が合算され、5～45％の税率で所得税がかかります。

一方、申告分離課税は、総合課税とは別に計算され、税率も異なります。たとえば株式の売

却益の場合、所得税の税率は一律で15%に定められています。

ここで、「総合課税の税率は5%になる可能性もあるから、総合課税のほうが有利になる場合もあるのでは?」と思われたかもしれません。しかし、現役世代の収入であれば、税率が5%になることはあまり考えられません。

たとえば、1年間の給与所得が500万円、所得控除が150万円という人のケースで考えてみましょう。この人の場合、給与所得だけでもすでに所得税の税率が20%になっています。ということは、この人がビットコインでさらなる所得を得た場合、ビットコインにかかる税率はかならず20%以上になります。

一方、株式の場合は申告分離課税のため、いくら給与をもらっている人でも税率には影響しません。そして、株式の売買で1億円以上の利益を得たとしても、やはり税率は15%なのです。

住民税の税率においても、ビットコインの利益が10%であるのに対して、株式の売却益は5%と定められていますから、所得税・住民税のいずれにおいても株式投資のほうが恵《めぐ》まれています。

株式が有利な理由は、税率面だけではありません。「損失を繰り越せる」「NISAなどの非課税制度がある」という2点もポイントです。

損失の繰越しについては、青色申告で事業所得の赤字が出た場合と似たしくみとなっています。株の売買で損をした場合、その損失を確定申告すれば、翌年以後最長3年間繰り越せるというもので、この期間中に株の売却益が出れば、合算することができます。

つぎに、NISAなどの非課税制度について。こちらについてはあとの章でくわしく解説しますが、株式の売却益を非課税にできるという嬉しい制度になっています。もちろん、非課税にできる限度額はありますが、一般的な規模の投資額であれば、全額非課税にすることも難しくはありません。

しかし、**ビットコインの場合は、株式のような損失の繰越しや非課税制度は存在しません。否応《いやおう》なしに総合課税所得として、所得税・住民税合わせて最高55％もの税金を払わなくてはいけない**ということです。

損失の繰越しができないということは、たとえば令和元年分で300万円損をして、令和2年分で300万円の利益が出たような場合、令和元年分の損失は一切考慮されず、令和2年分の300万円に対してそのまま税金がかかるということですから、厳しい話です。この点は仮想通貨投資のリスクを考えるうえでも、覚えておいたほうがいいでしょう。

しかも、雑所得は事業所得と違って、他の所得との損益通算も認められていません。ビット

【株式投資とビットコイン(仮想通貨)の比較】

	株式投資	ビットコイン投資
課税方式	申告分離課税	総合課税
税率	所得税:15% 住民税:5%	所得税:5~45% 住民税:10%
損失の繰越し	翌年以降最長3年間繰越し	繰越しできない
優遇制度	NISA、つみたてNISAなど	特になし

コインによる損を、その年の給与や事業の所得と合算できないので、救いがありません。

一時期、ビットコインブームにより「億《おく》りびと」と呼ばれる億単位の利益を得た人が話題になったことがありました。億単位ともなると、確実に最高税率になってしまいますから、半分以上は税金でもっていかれるということになります。

ビットコインで利益を上げた人に対して、税務調査が入った事例もあるようですが、税務調査が入るということは、それだけ多額の税金の申告漏れが見込まれるからに他なりません。

こういった点をあわせて考えると、「税制は不利でも、自分はビットコインのほうが大儲《おおもう》けできる自信がある!」という人は別ですが、普通の人には株式投資をおすすめします。

選択
10

特定口座の株式売却損、申告する？申告しない？

源泉徴収がある口座でも申告したほうがいい？

正解 申告すれば、翌年以後の節税になる可能性あり

株式を売却して利益を得ると、分離譲渡所得として所得税と住民税がかかります。この所得については、確定申告をするかどうかを、納税者がみずから判断できます。

言い換えれば、「確定申告をしたほうがトクなのか?」ということを判断する必要があるということです。

この判断のポイントをお話しする前に、証券口座の3タイプについて説明しておきましょう。株式の売買をするには、あらかじめ証券会社で口座を開設することになります。このときに選べる口座のパターンが以下の3つです。

①特定口座(源泉徴収あり)
②特定口座(源泉徴収なし)
③一般口座

このうち、②と③を選んだ場合は、株式の売却損益が出た場合に確定申告をする必要がありますが、①の場合はあらかじめ税額が源泉徴収されているので、確定申告をせずに済ませることができます。

そのため、「確定申告をする」「確定申告をしない」を、その時々の状況によって選択できる①を選ぶのが合理的です。

つぎに、特定口座（源泉徴収あり）を選んだ場合でも、確定申告をしたほうがいいケースについて説明します。

ひとつは、「複数の証券口座があり、その一部で損失が出ている」というケース。たとえば、A証券の口座では1年間で100万円の利益が出ているものの、B証券の口座では1年間で10万円の損をしたとします。この場合、それぞれ特定口座（源泉徴収あり）であれば、A証券は利益100万円に対する税金が源泉徴収されますが、B証券は損失ですから税金の源泉徴収はなされません。

こうした状況で確定申告をすると、A証券の利益とB証券の損失を合算することができます。つまり、100万円−10万円＝90万円の所得として税金が再計算され、A証券で源泉徴収されていた所得税の一部が還付金として戻ってくることになります。

そして、確定申告をしたほうがいいケースとしては、「1年間の売買をトータルして損失が出ている場合」です。

くり返しになりますが、上場株などを売却して生じた損失は、翌年以後3年間にわたって損失を繰り越すことができます。**この繰越しをするには、確定申告が必要です。もし確定申告をせずに放置していると、翌年以降に利益が出たとしても合算することができなくなるため要注意です。**

最後は、「昨年以前から繰り越している株式の損失がある」ケースです。たとえば、令和元年分の確定申告で、株式売買の赤字を50万円繰り越していたとしましょう。そして、令和2年はまったく取引をしなかったとイメージしてみてください。

令和2年は取引がないのだから、確定申告をしなくてもいいように思ったかもしれません。しかし、令和元年分の損失を、さらに令和3年まで繰り越すためには、令和2年分の確定申告で、「令和元年分の損失を、令和3年に繰り越す」という手続きが必要になるのです。

少しややこしい話ですが、**「株式の損失を繰り越す場合は、その損失を使い終えるまで、最長3年間は確定申告をする」**ということを覚えておきましょう。

まとめると、株式の取引で損失が出た場合には、特定口座（源泉徴収あり）であっても確定申告をしましょう、ということです。

特定口座（源泉徴収あり）を確定申告するデメリットにも触れておきましょう。

税金のルールのなかには、「合計所得金額」を条件とする控除が存在します。代表的なものとしては、扶養控除や配偶者控除が挙げられます。

これらの控除は、所得が一定額以上になると使えなくなるものですが、特定口座（源泉徴収あり）の場合、確定申告をしなければ、株式等の売却益にかかる所得は、合計所得金額には含まれません。つまり、所得控除の判定を、株式等の売却益を度外視しておこなうことができるわけです。

ところが、**確定申告をしてしまうと合計所得金額に含まれてしまうので、先に挙げたような控除が使えなくなってしまう可能性があるのです。**

たとえば、配偶者控除の対象になっている専業主婦のほうが、株取引で多額の所得を得て、夫の所得を上回ったとしましょう。そうすると、妻が確定申告をすることによって、夫の配偶者控除がなくなり、夫の税負担が増えてしまうというケースも起こりえるのです。

選択
11

年金が年間400万円なら確定申告する？申告しない？

かつては申告が必須だったって
聞いたことがあるけど…

正解 基本的には申告しなくても大丈夫

私が税務署の職員になり、はじめて確定申告の相談対応に出たときのことは、ひじょうに印象深く、記憶に残っています。

税務署に相談にくる多くの人は、年金を受給する年齢の人がほとんどで、高齢者の方が杖《つえ》をつきながら、年金などの明細をもって、混雑する税務署に来られていました。

当時は年金を受給するようになると、ほとんどのケースで確定申告の手続きが必要でした。たとえサラリーマンで定年まで勤め上げても、退職して年金を受給するようになれば、確定申告をしなくてはならなかったのです。

しかし、税制改正により、平成23年分以後の確定申告において、「公的年金等に係る申告不要制度」がスタートしたことで、状況は変わりました。

この制度は、名称のとおり、公的年金等の収入について確定申告を省略することができる、というものです。ただし、この制度を受けるには、つぎのふたつの条件を満たさなくてはなりません。

①公的年金等の収入金額の合計額が400万円以下
②公的年金等に係る雑所得以外の所得金額が20万円以下

簡単にいえば、**「年金収入が400万円以下で、その他に20万円超の所得がなければ、確定申告をしなくてもいい」**ということです。

年金収入400万円という金額についてはピンとこないかもしれませんが、厚生労働省年金局が公開している「平成29年度厚生年金保険・国民年金事業の概況」によると、国民年金の支給額は平均月額5万5000円、厚生年金の平均月額は14万7000円とのこと。そう考えると、年金で年間400万円もの収入を得られる人は多くありませんから、基本的には申告不要制度を使えると考えておいてよいでしょう。

では、申告不要制度を使うメリットはどこにあるのでしょうか?

まずひとつは「手間がかからない」という点です。わざわざ混雑する税務署に行く必要がなくなります。

また、確定申告をしないということは、源泉徴収されている税額は別として、所得税の納税がなくなるということです。これがメリットになる人もいるでしょう。

ただし、この制度を使ううえでの注意点がふたつあります。1つ目は、「確定申告不要制度の条件に合致する人でも、確定申告をしたほうがいい」というケースがあることです。これは、言い換えれば「確定申告をして還付金を受け取れる場合」ということになります。

たとえば、**多額の医療費を支払った（医療費控除を使う）場合や、災害や盗難にあった（雑損控除を使う）場合のように、所得控除などを使える人は、確定申告をすれば還付金をもらえる可能性があります。**この場合、申告不要制度を使えたとしても、確定申告をしたほうがおトクです。

2つ目の注意点は、申告不要制度は国税である所得税の制度ですから、地方税の住民税には使えないということです。

したがって、税務署への確定申告はいらないけれど、別途、住民税の申告が必要というケースがありえるのです。この判断をみずからおこなうのは難しいので、お住まいの市区町村などに相談してください。

2

必要経費の判断

得なのはどっち?

選択12

「領収書」と「レシート」もらうべきはどっち？

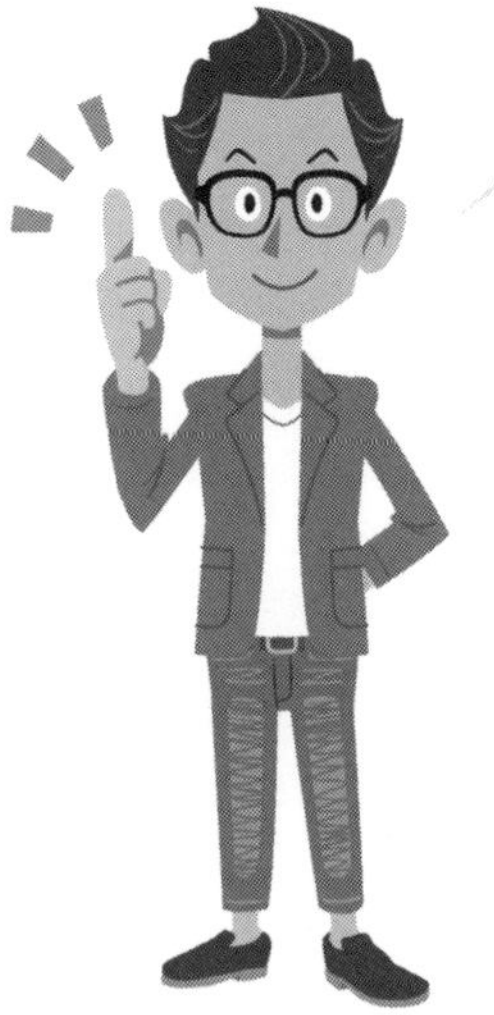
手書きの領収書がいちばん認められやすいはずだよね？

正解 領収書よりもレシートがベター

第2章は「必要経費」のトピックを集めました。

とくに個人事業をしている人にとっては、必要経費は重要な問題です。

必要経費に関して、私のまわりのフリーランスの方を見ていて感じる疑問があります。それは、「やたらと領収書を要求している」ということ。レシートが出るお店でも、手書きの領収書を書いてもらっています。

そういうとき、私は「レシートでいいのでは?」と思うのですが、どうも領収書のほうが税務署から認められやすいというイメージがあるようです。

でも、元税務職員の私の考えでは、領収書よりもレシートのほうがいいと思っています。その理由を説明する前に、「必要経費とは何か」ということを簡単に理解しておきましょう。税法のルールによると、つぎのとおりです。

①売上原価その他その総収入金額を得るために直接要した費用の額

②その年の生じた販売費、一般管理費その他業務上の費用の額

簡単に表現すると、「売上を得るために必要な費用」または「業務上必要な費用」ということです。たとえば商品の仕入代や広告宣伝費、消耗品費など、事業の内容によって必要経費は変わってきます。

いずれにしても、**事業にまったく関係のない費用は、たとえ支払っていたとしても、売上から差し引ける必要経費としては認められません。**そのため、必要経費に着目した税務調査がなされることもあり、税務職員は「この費用はプライベートなことに使っているのでは?」といった視点から調査を進めます。

このときに、必要経費になるか、NGかを判断する最大の材料が、レシート、もしくは領収書ということになります。したがって、「レシートだからダメ」「領収書だからダメ」というルールはそもそもありません。

大切なのは、それらの書面に記載されている情報です。その支払いが、いつ、誰に対して、どういった目的でおこなわれたものかといった情報が重要なのです。

ここまでの前提をふまえて、レシートと領収書をくらべてみましょう。すると、レシートの

ほうが、情報量が多いことがわかるはずです。

昔は、レシートでも商品名がわからないものがありましたが、いまはかなりの情報がレシートに記載されています。支払った日はもちろんのこと、その商品名や、支払金額、お釣り、ポイントの有無《うむ》など、取引に関する情報はほぼ網羅《もうら》されています。

それに対し、手書きの領収書にはそこまで細かな情報は書かれていません。とくに宛名が「上様」、品目が「商品代」などと書かれた領収書は、実質的な情報は皆無《かいむ》です。

しかも、税務職員の立場になって考えると、レシートよりも領収書のほうが疑わしいと感じられます。なぜなら、手書きの領収書は簡単に改ざんすることができるからです。

たとえば、プライベートな支払いと、事業用の支払いを一緒くたにして領収書をつくってもらえば、内訳《うちわけ》はわかりにくくなります。金額そのものも、手書きであれば書き換えることが可能です。

一方、先ほどお話ししたとおり、いまのレシートには相当な情報が詰まっていますから、そっくり偽造することはほとんど不可能です。

こういった意味から、私は領収書よりも、レシートを必要経費の証拠書類として保管しておくことをおすすめします。

選択
13

個人事業の人は「家族を雇う」「パートを雇う」どっちが正解？

家族に仕事を手伝ってもらいながら節税もしたい…

正解 実質的に生活費を必要経費にできるので、家族を雇うべき

第1章で、青色申告の特典として「青色事業専従者給与」について説明しました。個人事業者が支払う給与のうち、家族に支払うものは、青色申告にすれば全額必要経費にできるというルールです。

私がパートよりも家族を雇ったほうがいいと考えるのは、「実質的には生活費を必要経費にできる」という点にあります。

パートに支払った給料は、当然ながら自分の生活とは関わりがありません。給料を100万円渡せば、手元から100万円がなくなるだけです。

しかし、家族に給料を支払えば、その給料を家族の生活費として使うことができます。もちろん、働いた人の収入なので、その人が使いみちを決めるべきですが、生活費に使うという選択もできるということです。この違いはひじょうに大きいと思います。

ただし、青色事業専従者給与については、いくつか注意点があり、この注意点を把握《はあく》しておかないと、やはり税務署から指摘を受ける可能性があります。

まずは「給料の金額設定」の問題です。この点について具体的な基準はありません。基本的には**支払った給料の全額を必要経費にできますが、その金額が「過大」と判断されると、その過大な部分は必要経費から除かれてしまいます。**

つまり、必要経費を増やしたいからといって、極端に家族への給料を上げすぎてしまうわけにはいかないのです。

ちなみに私の場合、妻を青色事業専従者にしていましたが、給料は月額8万3000円にしていました。これは見込まれる作業時間に時給を掛けて設定したものです。この金額であれば、妻自身の税金や社会保険料が増えることもありません。

もうひとつのポイントが、「もっぱら事業に従事しているのか」という点です。「もっぱら」という言葉自体、いまはあまり聞くことはありませんが、「他のことに関わらず、そのことに集中する」といった意味があります。**青色事業専従者は、本業として個人事業に携《たずさ》わっていないといけません。**

とはいえ、他で仕事をしているとまったくダメかというとそうではなく、パートくらいであれば問題ありません。たとえば、平日は個人事業の手伝いをして、土日はパートをしているような場合は大丈夫でしょう。

選択
14

単発の仕事「家族にお願い」と「第三者に外注」得なのはどっち?

家族への報酬が経費として認められるか心配…

正解　同居家族への報酬の支払いは、必要経費にならない

前項と似ていますが、こちらは「給料」ではなく、「報酬」を支払うというパターンです。給料は雇用関係を前提とした支払いであるのに対し、報酬は雇用関係がないなかで、仕事などを依頼した際に支払うものです。わかりやすくいうと、「週に3日事務所で働いてほしい」が給料だとしたら、「ホームページをつくってほしい」「ロゴを考えてほしい」といった単発的な仕事が報酬というイメージです。

このような報酬を支払う場合にも、「家族にお願いするか」「第三者に外注するか」によって税金の扱いが変わってきます。

まず、**第三者に外注する場合、その費用は問題なく必要経費にすることができます**。もちろん、事業に関係のある外注であることが前提ですが、たとえばホームページを100万円でつくってもらったのであれば、広告宣伝費などとして100万円を計上することができます。

ところが、同居の家族に報酬を支払う場合、専門用語を使えば「事業主と生計を一《いつ》にする配偶者やその他の親族が対価の支払いを受ける」ということになると、基本的には必要経費に算

入できません。

たとえば、わたしがフリーライターで、妻が税理士だったとしましょう。このとき、税理士報酬を妻に払っても、その金額は必要経費にはできないのです。個人で事業をやっていると、親しい家族のほうが仕事を頼みやすいと思いますが、いったん立ち止まって、この問題を考えるようにしてください。

先に説明したとおり、家族に報酬を支払うときに必要経費にできるかどうかは、「生計を一にしているか」という点から判断されます。この判断は、じつは税務署と納税者のあいだで解釈が分かれ、裁判になることもあります。たとえば、「家計の負担を分けているから生計は別だ」と主張する納税者に対して、「家計費を一定の割合で分けている時点で生計を一にしているといえる」といった主張を国がおこない、国が勝訴した判決もありました。

このようなケースを見ると、同居している家族に対して報酬を支払うことは、基本的には避けたほうがいいということになります。

なお、生計を別にしている親族であれば、報酬を支払って必要経費にして差し支えありません。ただしこの場合、受け取った側がその金額に応じて課税されることを頭に入れておきましょう。

選択15

事業資金を借りるなら、親族から？銀行から？

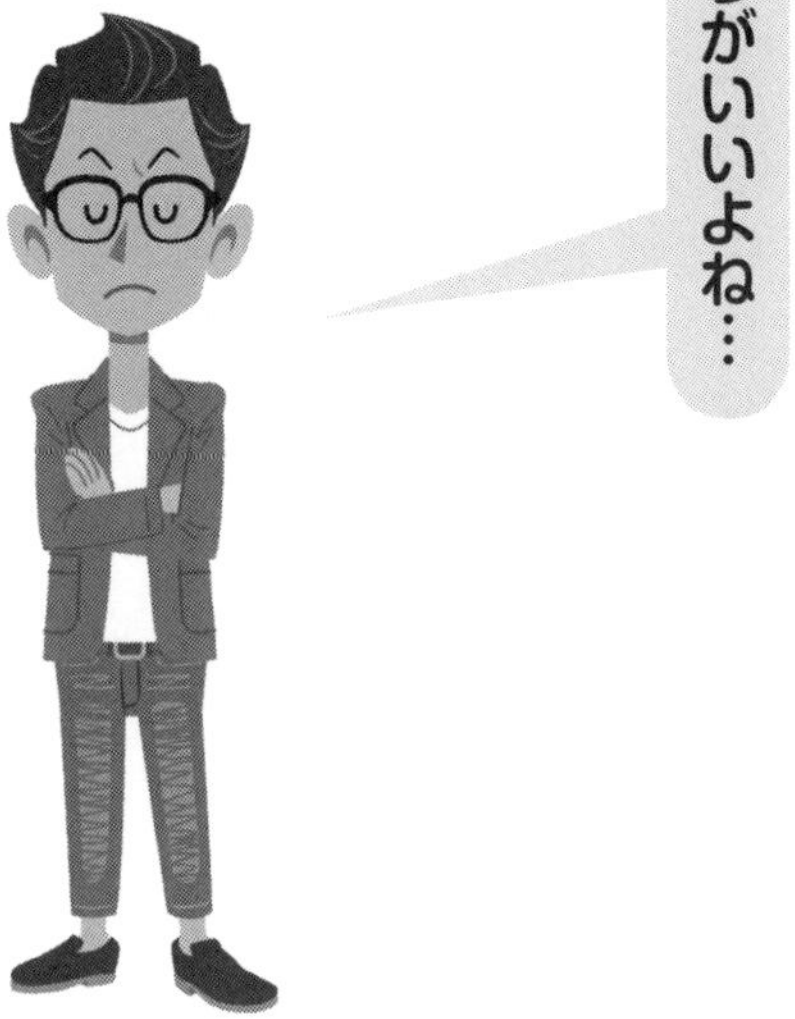
審査もないし、親族から借りたほうがいいよね…

正解 親族間の貸し借りは税務署のチェックが厳しくなる

これまで、「家族に給料を支払う場合」や「家族に報酬を支払う場合」の注意点を説明しました。家族と取引をするときには、第三者との取引とは違う注意点があることをご理解いただけたのではないでしょうか。

この設問で取り上げるのは、親族間で「金銭の貸し借り」をするケースです。たとえば事業をはじめる際などに創業資金を身内から借りるといった場面が考えられますが、やはり税金の取り扱いに注意が必要です。

結論としては、銀行から借りたほうが、いろいろな面で安心です。最大のポイントは、**銀行から借りた場合は必要経費にできる借入金の利息が、生計を一にする親族から借りると必要経費にならない**という点でしょう。たとえ銀行と同じ利率に設定して、じっさいに支払っていたとしても、まったく税金上は考慮されないというわけです。

では、利息を取らなければいいかというと、そういうわけではありません。ここにも気をつけたいトラップがあります。

たとえば事業資金を親から借りたとします。このときに利息のやり取りがなかったとしたら、「それは贈与ではないですか？」と税務署から指摘を受ける可能性があるのです。

もし贈与という判断になると、所得税とは別に、受け取った人に対して贈与税が課せられます。贈与税は、最大で55％もの税率になるもので、最低税率も10％ですから所得税よりも重い税負担になりかねません。

こうした事態を避けるには、やはり**きちんと金銭消費貸借《たいしゃく》契約を結び、返済期日や返済方法、利率などを定めて、じっさいに利息のやり取りもおこなうべき**です。また、契約書には貸主と借主が双方《そうほう》に署名押印し、収入印紙を貼るといったことも求められます。

契約書をつくったとしても、無利息に設定すると問題になる可能性があります。この場合、利息相当額の贈与があったと判断され、やはり贈与税の対象となるかもしれませんが、その金額が少額であれば問題ないというケースが大半です。

昨今は、国や地方自治体による創業支援制度も充実していますし、無担保でも事業資金を確保できる時代になっています。安易《あんい》に身内から借りる前に、まずはそうした制度を活用してみてはいかがでしょうか。

選択
16

仕事場は「自宅」と「外」どっちを選ぶ？

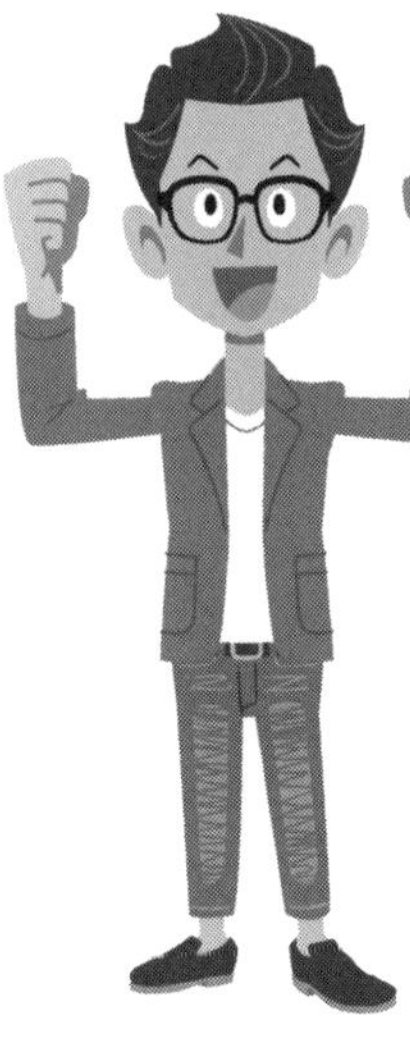
自宅兼事務所のほうが断然、安く上がるでしょ？

正解 自宅の10%未満のスペースを仕事場にするのがベスト

フリーランスになると、最初に迷うことのひとつに「仕事場をどこにするか」という問題があります。選択肢を大きく分けると、「自宅か、外か」ということになりますが、どちらを選ぶかによって税金への影響が変わります。

両者をくらべると、自宅兼事務所のほうが家賃や光熱費などを節約できる分、経済的といえます。さらに、自宅で仕事をすることで、光熱費や家賃などの一部を必要経費にすることができるという点も見逃せません。必要経費が増えるということは、結果として所得税や住民税の節約につながります。

ただし、この場合に注意が必要なのは、「どれくらいの割合を必要経費にするのか」ということです。この割合（事業割合）によって、必要経費にできる金額が変わってくるからです。

参考になるのが、国税庁ホームページに掲載されている「タックスアンサー」です。自宅兼事務所に関わる必要経費の考え方が明らかにされています。

ここで説明されているとおり、**「業務遂行《すいこう》上直接必要であったことが明らかに区分できる場**

【自宅兼事務所に関わる必要経費の考え方】

個人の業務においては一つの支出が家事上と業務上の両方にかかわりがある費用(家事関連費といいます)となるものがあります。
(例)交際費、接待費、地代、家賃、水道光熱費
この家事関連費のうち必要経費になるのは、次の金額です。

1　主たる部分が業務の遂行上必要であり、かつ、業務に必要である部分を明らかに区分することができる場合のその区分できる金額
2　青色申告者で、取引の記録などに基づいて、業務の遂行上直接必要であったことが明らかに区分することができる場合のその区分できる金額

＊国税庁「タックスアンサー No.2210 やさしい必要経費の知識」をもとに著者が加筆。

合」であれば、その部分は必要経費にしてもかまいません。ということは、この計算をするためにも、事業割合をきちんと考えておく必要があるのです。

では、自宅兼事務所にかかる必要経費の計算手順を具体的に見ていきましょう。

まず、事業に関係のありそうな費用をピックアップします。一般的には、家賃、固定資産税、建物の減価償却費、通信費、水道光熱費が該当《がいとう》するでしょう。

ガス代は挙げませんでしたが、たとえば料理研究家の方が、自宅で料理の試作をするような場合は、必要経費に含めて差し支えないと思います。このように、事業の内容をふまえて判断するようにしてください。

事業と関係する費用をピックアップしたら、つぎは事業割合をそれぞれ考えていきます。「プライベート用」と「事業用」の割合を考えるということです。

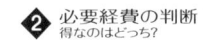

事業割合の算定方法は、法律で具体的に定められているわけではありません。そのため、各自が自分なりに説明できる方法で算出すれば問題ありませんが、きちんと理屈のとおる説明を用意しておかなくてはなりません。

たとえば**家賃や固定資産税であれば、自宅の図面をオフィス部分と居住部分に分け、その床面積の割合で計算するという方法が考えられます。電話料金であれば、仕事で使った時間を、1分あたりの通話料と掛け合わせるといった方法になるでしょう。**

自宅兼事務所にするデメリットについても触《ふ》れておきたいと思います。じつは、場合によっては、自宅兼事務所にすることにより、むしろ税金が増えてしまうケースもあるのです。

第4章でも説明しますが、税金には、「居住用の不動産」を対象にした優遇制度が複数あります。代表的なものは、いわゆる「住宅ローン控除」です。年末時点の住宅ローン残高に応じた金額を所得税から差し引くことのできる制度で、節税メリットはとても大きいものです。

住宅ローン控除の対象となる物件は、やはり自宅だけです。そのため、仮に本来の住宅ローン控除の金額が10万円であったとしても、自宅の30%を事務所にした場合には、住宅ローン控除は10万円×70%=7万円となってしまいます。

とくに避けたいのは、住宅ローン控除を受けている状態で、自宅の半分以上を事務所にしてしまうことです。住宅ローン控除には、「床面積の2分の1以上が専《もつぱ》ら自己の居住の用に供される家屋である」という条件があるため、この条件にひっかかると、住宅ローン控除がゼロになってしまうのです。

では、住宅ローン控除を活用しながら、自宅兼事務所の節税メリットも両立させる方法はないのでしょうか?

じつは、居住用の床面積が、その家屋の総床面積のおおむね90%以上に相当する場合ならば、家屋の100%が居住用であるものとして住宅ローン控除を算定できるというルールがあります。

つまり、**もし事業割合が10%程度に収まれば、固定資産税などの10%を必要経費にしながらも住宅ローン控除は100%使える**ということですから、メリットを両取りできるというわけです。

ただし、必要経費の状況によっては、事業割合が10%を超えて住宅ローン控除が減ったとしても、それ以上に必要経費による節税効果が大きいという場合もありえます。

この選択は、将来の節税に大きな影響を与えますので、自宅を自宅兼事務所にするときは、さまざまなパターンをシミュレーションしてみてください。

選択
17

開業前に使った経費は
どのように扱われるのだろう?

必要経費の支払い「開業前」と「開業後」得なのはどっち?

正解　開業前の支払いを「開業費」にしておけば、節税に便利

開業届を出すことで、事業所得として扱われ、青色申告などのメリットを受けられると第1章で説明しました。ここでは、開業届の出し方が必要経費に影響するという話をします。

開業届を出すことによって、事業所得として扱われるという話をすると、「事業のための支払いは、開業届を出したあとのほうがいいのでは？」と思われる方もいるでしょう。

結論としては、開業届を出す前に経費を使っても、まったく問題ありません。むしろ、開業前に必要経費を支払ったほうが有利な場合もあります。

同じ支払いであっても、開業前か開業後かによって扱いが変わります。具体的には、**開業後の支払いは、その内容に応じて「消耗品費」や「会議費」といった名目になるのですが、これらを開業前に支払うと、すべて「開業費」という扱いになります。**

法令上、開業費とは、「事業を開始するまでのあいだに、開業準備のために特別に支出する費用」と定められています。

たとえば、つぎのような費用が開業費として考えられます。

・店舗の契約費や改装費
・書籍などの資料代
・名刺や印鑑、文房具などの消耗品費
・ポスターやホームページ作成などにかかる広告宣伝費
・会議や打ち合わせにかかった部屋代や飲食代

一方、事業を目的として開業前に支払ったものでも、開業費にできないものもあります。たとえばつぎの3つです。

①いずれ返還される保証金
②販売する商品の仕入れや材料の費用
③30万円以上の物品の購入費

①が開業費にならない理由はわかると思います。いずれ戻ってくるお金ですから、必要経費にはできません。ただ、帳簿上は資産として計上する必要があるので、金額などはきちんと管

理しておきましょう。②については、開業費ではなく、「売上原価」という扱いになります。売上原価は、その商品が売れたタイミングで必要経費にすることができます。

③は「減価償却《げんかしょうきゃく》」のことです。10万円以上の固定資産は、減価償却の計算をすることで、購入費の一部が必要経費になります。ただし、開業前の支払いであれば基準が30万円に引き上げられています。

では、なぜ開業後の支払いよりも、開業前がいいのかというと、開業前の支払い、つまり開業費にしたほうが必要経費にするタイミングを柔軟にアレンジすることができるからです。

通常、必要経費は、支払った年など、決まったタイミングで使うことになります。ところが、開業費の場合、「60か月の均等償却」または「任意償却」のいずれかを選ぶことができます。

このうち「60か月の均等償却」というのは、簡単にいえば、「60か月に分けて必要経費にする」ということです。

平成31年2月に開業して、その時点で120万円の開業費がかかっていたとしましょう。すると、1か月あたり2万円の費用を計上できることになり、年末までに11か月ありますから、2万円×11か月=22万円を令和元年分の所得税の必要経費にできるというわけです。

一方、「任意償却」を選択すると、なんと、いつ必要経費にしても問題ありません。先ほどのケースのように開業費が１２０万円あれば、「初年度は10万円を、翌年に１１０万円を必要経費にする」といったことも認められるのです。

所得税の税率は5~45%の累進《るいしん》税率ですから、所得が多い年に開業費を必要経費にすると、より節税効果は高まります。逆に所得が赤字の年は、必要経費をそれ以上増やしても節税になりませんから、開業費を使わず残しておくことが有効です。

こういった意味から、開業届の提出は、「できるだけ遅めに」と考えたほうがいいでしょう。たとえば、**店舗を建てはじめたときを開業日とするのではなく、じっさいにお店をオープンして売上が立った日を開業日にすれば、オープンの準備費用を開業費とすることができます。**

最後にもうひとつアドバイス。「開業費の支払いは開業日の何年前まで認められるの?」という疑問についてです。

この点についても、法令上明確なルールはありません。たとえば開業日より3年前に支払った費用であっても、開業のための費用ということが明らかであれば開業費として認められます。

とはいえ、たとえば10年前の支払いとなると、常識として「開業との関係が薄いのでは?」と考えられるリスクがあります。もし、開業日よりかなり前もって支払う費用があるなら、その費用が開業のための支払いであることをきちんと書面などで残しておいたほうが安心です。

選択18

団体の会費「同業者」と「異業種」払うならどっち？

同業者の団体から加入の誘いがあったけど会費を経費にできるのかな？

正解　必要経費に認められやすいのは「事業に関係する会費」

事業をはじめると、ときどき同業者団体などから加入のお誘いが来ます。士業の方など、ほとんど強制的に加入しなくてはならない団体もあるでしょう。

こうした団体では、会費を求められることが一般的ですが、この会費は必要経費になるのでしょうか。

結論としては、必要経費にできる会費もあれば、そうではない会費もあるということです。

ここで見ておきたいのが、所得税法基本通達37－9です。

具体的な団体名も挙げられていますが、「～等」と書かれているため、他の団体の会費であっても、もちろん必要経費として認められる可能性はあります。

ポイントは、「業務に関連して賦課《ふか》される費用」という箇所《かしょ》です。つまり、本業と関連があるかどうかが問われます。たとえば、税理士が税理士会の会費を支払うのは問題ありませんが、税理士が趣味で入ったソムリエ協会の会費を支払うのは、業務に関連していないと通常は判断されます。

【所得税法基本通達37－9】

> 農業協同組合、水産加工業協同組合、中小企業協同組合、商工会議所、医師会等の組合員又は会員が法令又は定款《ていかん》その他これに類するものの規定に基づき業務に関連して賦課《ふか》される費用は、繰延《くりのべ》資産に該当する部分の金額を除き、その支出の日の属する年分の当該業務に係る所得の金額の計算上必要経費に算入する。

大切なのは、**その費用のおもな使いみちが業務の遂行上必要であり、しかも、業務の遂行に必要な金額を明らかに区分できるもの**であることです。

このルールに照らすと、税理士にとっての税理士会、弁護士にとっての弁護士会といった、加入しなければ活動することができない同業者団体の会費については、全額が必要経費として認められます。

一方、異業種の団体会費については、ややグレーという印象です。もちろん、ここから仕事の幅が広がる可能性もありますから、必要経費にできないとはいい切れませんが、確実に認められるのかどうかは微妙です。

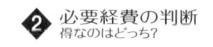

また、いずれにしても支払った会費が、どういった目的で使われるのかを確認しておかなくてはなりません。

たとえば、毎年、団体に旅行費を積み立てているとしたら、その旅行は売上に直結するものなのか、あるいは単なる親睦《しんぼく》のためなのかといった点が判断を分けるポイントになってきます。

こうした判断は、自分だけではなかなか難しいでしょう。そのため、ある程度大きな同業者団体の会費については、募集要項などで「必要経費にできます」といった説明がなされている場合が少なくありません。

たとえば青色申告会の会費については、支部によっては「青色申告会の会費は事業上の必要経費になります」「勘定科目は租税公課《そぜいこうか》または諸会費となります」といった具体的な案内がなされています。私が加入している一般社団法人プロフェッショナル&パラレルキャリア・フリーランス協会でも、ホームページ上のＦＡＱに「年会費は必要経費として計上可能です」と明記されていました。

このように、会費が必要経費になるかは、団体ごとにすでに明らかにされている場合が少なくありませんから、これから入会を検討するのであれば、窓口に問い合わせてみるといいでしょう。

とにかく、会費と名のつくものをすべて必要経費にしていると、あとで問題になる可能性があるため注意してください。

選択 19

店舗の家賃を短期前払費用に「する」「しない」得なのはどっち？

「短期前払費用にすれば、所得税が減る」と聞いたことがあるけど…

正解 実質的な節税効果が薄いので、短期前払費用は使わない

個人で事業をおこなっていると、年末に近づくにつれて1年間の利益が見えてきます。このときに利益が多いと気になるのが税金です。

そうしたときによく使われる節税方法として、「短期前払費用の計上」というものがあります。たしかに、この方法は数少ない「必要経費を増やす特効薬」ではあるのですが、私の考えとしてはあまりおすすめできません。「面倒なわりに、効果が薄い」からです。

では、まずは短期前払費用のしくみを説明しておきましょう。短期前払費用として認められるには、つぎの2点の条件を満《み》たす必要があります。

①支払日から1年以内に役務《えきむ》（サービスのこと）を受ける
②毎年、支払った年の確定申告で必要経費に算入している

ここに当てはまるのは、たとえば家賃や保険料です。家賃であれば、1か月に1回家賃を払

うこともあれば、1年分を前もって支払うケースもあるでしょう。

令和元年12月に令和2年1月～12月分の店舗家賃を60万円支払ったとします。このとき、本来であれば、60万円はサービスを受けた令和2年分の必要経費になるはずです。

しかし、短期前払費用にすると、令和元年分の必要経費にすることができます。つまり、令和元年分の所得税を減らせるということです。

これだけを見ると、短期前払費用を使うことはメリットだと思うでしょう。ところが、よく考えるとわかりますが、**これは単に必要経費を前払いにしただけのことなのです。さらにいえば、納税を先送りしただけにすぎません。**

だったら、短期前払費用を使うことは最初から考えず、原則的な会計処理をつづけたほうがいいというのが私の考えです。

とくに避けたいのが、「急いで短期前払費用をつくろう」と考えることです。本当は必要のない保険に入ったり、広告料を支払ったりするのは本末転倒ですから、やめましょう。

節税のための方法は、短期前払費用の他にもいろいろとあります。第3章で紹介する所得控除や、第4章で紹介する特例を利用して、本当に意味のある節税を実行してください。

選択
20

パソコンの購入「9万円の品」と「11万円の品」どっちを選ぶ?

スペックで決めるか。安さで決めるか。
経費の面で見ると、どうだろう?

正解 一括で経費にするなら、1個10万円未満のモノを買う

パソコンやクルマなど、1年以上使うことのできる物品を購入するときに注意したいのが、「減価償却」の問題です。具体的には、「その物品は10万円以上か?」ということを気にしなくてはなりません。

10万円未満の支払いであれば、「消耗品費」として全額を一括で必要経費にすることができるのですが、10万円以上になると、「減価償却」というルールが適用され、必要経費を数年に分割することになります。

まずは、減価償却のしくみを理解しておきましょう。とくに個人事業をする人にとっては、重要です。

10万円以上の固定資産を購入した場合、その固定資産の内容によって、何年間の必要経費に分割するかが決められます。この年数の基準を「耐用《たいよう》年数」と呼び、国税庁が公開している「耐用年数表」で確認することができます。

耐用年数表では、同じようなモノであっても、かなり細かく耐用年数が分けられています。

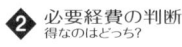

【耐用年数表の抜粋】

構造・用途	細目	耐用年数
事務機器、通信機器	謄写機器、タイプライター	−
	孔版印刷・印書業用のもの	3
	その他のもの	5
	電子計算機	−
	パーソナルコンピュータ(サーバー用のものを除く)	4
	その他のもの	5
	複写機、計算機(電子計算機を除く)、金銭登録機、タイムレコーダーその他これらに類するもの	5
	その他の事務機器	5
	テレタイプライター、ファクシミリ	5
	インターホーン、放送用設備	6
	電話設備その他の通信機器	−
	デジタル構内交換設備、デジタルボタン電話設備	6
	その他のもの	10

たとえば事務机については、おもに金属製のものは15年、その他は8年です。建物はとくに細かく、木造か鉄骨かという構造の違いに加えて、事務所用、店舗用・住宅用、飲食店用といった利用状況にも応じて耐用年数が異なります。

では、この耐用年数がどのように税金に影響するのでしょうか?

減価償却の計算方法は「定額法」と「定率法」の2種類がありますが、もし定額法を選択した場合、購入費を耐用年数で割った金額が、減価償却費という名目で毎年の必要経費となります。

たとえば新品のパソコン(サーバーとして使うものを除く)を買った場合、耐用年数は4年です。このパソコンが12万円の金額だったとすれば、減価償却費としては12万円÷4年＝3万円になります。つまり、必要経費としては3万円を4年間計上するということです。

定率法になると計算方法が変わってきます。その詳細にはここでは触れませんが、定率法を選択した場合、1年目の減価償却費がもっとも多くなり、その後、だんだんと減っていくことになります。

ここまで見てきたように、10万円以上の固定資産を購入すると、じっさいは手元からお金がなくなっているのに、すぐに全額を必要経費にすることができないという事態になります。つまり、固定資産を購入した年分の所得税の税負担が重くなってしまうので、とくに開業したばかりで資金繰りが厳しい人にとっては大変かもしれません。

では、どうすればいいのでしょう。ひとつは、**物品を購入するときには10万円ルールを頭に置いて、できるだけ10万円未満に収める**という方法が考えられます。

とはいえ、仕事の内容によってはそうはいかないこともあるはずです。たとえば、専門的な器具など10万円で買えないものもあるでしょう。そのような場合、使える裏技があります。それが青色申告の特典です。

青色申告にはさまざまな特典があったことを思い出してください。この特典のなかに、「少額減価償却資産の特例」というものがあります。

これは、「1個または1組当たり30万円未満の少額減価償却資産については、購入・使用を開始した年分に一括で経費計上することができる」というものです。

年間の累計《るいけい》額が300万円までという条件はありますが、1個または1組で30万円未満であれば、一括で必要経費にできるので、心強いのではないでしょうか。

白色申告の場合は、この特典を使うことができないため、10万円ルールにしたがって減価償却をしなくてはなりません。

減価償却を数年に分けておこなうときにやっかいなのが、減価償却資産の管理です。たとえば、パソコンの耐用年数は4年と説明しましたが、これは4年間にわたって毎年減価償却の計算をして、確定申告書に反映させなくてはならないということです。しかも、耐用年数がくる前に買い替えた場合の会計処理など、面倒くさいことがいろいろとついてまわります。

その点、**一括で必要経費にできれば、支払った年分の確定申告に計上するだけでスッキリ終わりです**。したがって、できれば青色申告で一括償却にして、このような手間を減らすことをおすすめします。

選択
21

賃貸用の物件を購入するなら「木造住宅」?「鉄筋マンション」?

鉄筋のほうが頑丈だし、入居率も高そうだけど…

正解　当面の必要経費は「木造住宅」のほうが高くなる

引きつづき、減価償却についてくわしく見ていきましょう。同じ金額で固定資産を買っても、「耐用年数」が違うと毎年の税金が変わってきます。

小さな金額のものであれば、そこまで大きな影響はないのですが、大きくなればなるほど、耐用年数をふまえて購入を決める必要があります。とくに金額が大きく、耐用年数の影響が大きなものとして、「建物の減価償却」が挙げられます。これは不動産賃貸をはじめたい人にとっては重要な問題です。

では、建物の耐用年数を見てみましょう。

建物はその構造によって耐用年数が違い、木造、軽量鉄骨造、重量鉄骨造、SRC造・RC造の4タイプに設定されています。自宅用の物件と賃貸用住宅物件でも耐用年数は違いますが、ここでは賃貸住宅用物件として説明を進めます。すると耐用年数は以下のとおりです。

・木造：22年

・軽量鉄骨造：27年
・重量鉄骨造：34年
・SRC造・RC造：47年

このように、同じ建物であっても、耐用年数には最大で2倍以上の開きがあります。もっとも短いのは木造住宅です。木造であれば、建物の購入費は22年に分けて計上されますが、SRC造・RC造の場合、購入費をすべて必要経費として活用するまでに47年もかかってしまいます。

そう考えると、**同じ購入費であれば、1年あたりに計上できる費用は、木造のほうが多いということ。つまり、耐用年数が残っている22年間のうちは、木造住宅のほうが有利ということになります**。また、中古の木造物件を購入した場合は、さらに耐用年数が短くなります。計算の詳細は割愛《かつあい》しますが、たとえば耐用年数をすでにオーバーした木造アパートを1棟買った場合、耐用年数はなんと4年になります。

ということは、もしこの物件を1000万円で購入した場合、定額法で計算すると毎年250万円ずつ必要経費にできるということです。

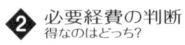

ただし、これはあくまで税金面のことだけで比較した場合です。**購入する物件の場所や、設備などで家賃や入居率が変わりますから、あくまでも賃貸物件を買うときの一要素として税金のことも考えてください。**

ちなみに、不動産の減価償却費は、うまく使えば節税メリットが少なくありません。というのも、減価償却費は、じっさいに手元からお金が出ていなくても必要経費にすることができるものだからです。

たとえば、1200万円のローンを10年間で組んで耐用年数4年の賃貸不動産を買った場合を考えてみてください。そうすると、ざっくり計算すると、年間120万円のローンの支払いになります。そして減価償却費は1200万円÷4年＝年間300万円です。

このように、手元から出るお金よりも必要経費が多くなるので、キャッシュを確保しながらも節税効果を期待することができます。

不動産賃貸をはじめるときには、修繕《しゅうぜん》費などのコストに加えて、減価償却費や税金のしくみを理解しておくことが大切です。難しいパズルのように思われるかもしれませんが、慣れるとひとりでシミュレーションできるようになりますので、不動産賃貸に興味がある方は考えてみてください。

選択
22

「ひとりで食事」と「取引先と食事」得なのはどっち？

どんなシーンなら、胸を張って「経費」と言える？

正解　必要経費になる可能性が高いのは「取引先との食事」

食事代も、税務上問題になりやすい部分です。まず理解していただきたいのは、個人事業主の食事代は、原則として必要経費にならないということ。ただし、一緒に食事をする相手やシーンによっては必要経費として認められます。

たとえば、取引先を交《まじ》えて打ち合わせを兼《か》ねた食事をしたときは、業務に必要と考えられるため、必要経費にすることができます。これはおそらく迷うことはないでしょう。売上を獲得するうえで必要な支払いであれば、食事代であっても必要経費です。

そういった意味では、外食をするときは、できるだけ取引先などを交えた会食にしたほうが、節税になりますし、商売のチャンスも広がるメリットも期待できます。

この他、カフェで仕事をするときのコーヒー代なども、問題ないでしょう。仕事のための場所代という側面が強いからです。私のようなフリーランスは、毎年結構な金額をカフェ代に使っています。

難しいのは、プライベートも混ざった食事です。たとえば、出張中に同行した従業員と一緒に夕食をとった場合を考えてみてください。たしかに従業員は事業のために重要であり、食事代くらいは認められそうですが、残念ながらＮＧです。じつは、**法人税のルールでは、社員の残業時の食費を負担して損金にできるのですが、個人事業の場合は同じように食費を負担したとしても必要経費になりません。**

この他に迷いがちなのが、慰安《いあん》旅行の扱いではないでしょうか。サラリーマンのように慰安旅行をして、その費用を必要経費にしたいという人もいるでしょう。

ただ、これは難しいといわざるをえません。慰安旅行の費用を必要経費にする場合、「使用人」がポイントになります。「使用人のレクリエーションのための会食、旅行」などの費用は、つぎのように扱われます。

・使用人にかかる費用→**福利厚生費として必要経費になる。**
・妻など事業専従者にかかる費用→**福利厚生費として必要経費にしてもよい。**
・事業主にかかる費用→**旅行に参加することが引率のために必要な場合は、必要経費に算入してもよい。**

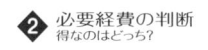

つまり、私のようにひとりでフリーランスをしている人間が、慰安旅行の名目で旅行をしても、その費用は必要経費にはならないということです。

では、事業主と事業専従者だけで旅行をしたときはどうなるのでしょうか。この場合も、残念ながら必要経費に算入することはできません。「それは家族旅行でしょう」ということになってしまうからです。

この件については、裁判所の判決も出ています。名古屋高裁の平成7年3月30日の判決によると、事業主が、事業専従者の妻と、子ども2人を連れて夏休み期間中に観光地を訪れたものを、慰安旅行であるとして必要経費と認めるように訴えていますが、裁判所は、「業務の遂行上必要であるとはいえない」と判断しています。

私も事業主ですから、家族旅行が仕事のモチベーションを高め、仕事に役立つ面があることは理解していますが、税務上の必要経費にはならないということなので、ここはあきらめるしかありません。

使用人を連れて必要経費になりそうなケースであっても、「社会通念上、一般的に行われている限度」を意識しておく必要があります。高額な食事代や旅行代を気ままに支払っていると、やはり税務的に問題になるかもしれません。

3

「控除」を活用 得なのはどっち?

選択 23

所得が多い妻が払ったほうがいい気がするけど…

医療費控除は「給与収入1000万円のサラリーマン夫」と「株式売却益2000万円の専業主婦」どっちで申告する？

正解 節税効果が高いのは、給与1000万円のサラリーマン夫

第3章のテーマは「所得控除」です。所得控除とは、一定の条件に当てはまると所得の合計金額から差し引かれるもので、たとえば配偶者を扶養する場合に使える「配偶者控除」などが該当《がいとう》します。

この所得控除のうち、「名義に関係なく、支払った人の控除になる」という種類のものが存在します。それがつぎの4つです。

①社会保険料控除
②生命保険料控除
③地震保険料控除
④医療費控除

これらの所得控除はそれぞれ、社会保険料（公的な健康保険料や年金保険料など）、生命保険料、

地震保険料、年間10万円を超える医療費を支払った場合に使える所得控除であり、確定申告をするときには、それぞれの支払額を示す証明書や領収書が必要です。

これらの書面には、誰かしらの名前が記載されています。たとえばAさんが病院にかかったのであれば、病院の領収書にはAさんの氏名が記されます。社会保険料も、たとえば夫が夫婦両方の国民年金保険料を支払ったとしても、発行される支払証明書は夫と妻、それぞれの名義で別々に発行されます。

確定申告をするときに覚えておきたいのは、「名義にとらわれなくてもいい」という点です。所得控除については、じっさいに支払った人の所得控除にできるというルールがあることを覚えておきましょう。

たとえば、1年間に支払った健康保険料や年金保険料などの社会保険料は、全額が社会保険料控除になります。そこで、夫の社会保険料が50万円、妻の社会保険料が10万円であったとしましょう。ここで名義のままで年末調整や確定申告をすれば、当然、夫の社会保険料控除は50万円、妻の社会保険料控除は10万円になります。

ところが、じっさいには妻の社会保険料も夫が支払っていたのであれば、夫の社会保険料控除を60万円、妻の社会保険料控除をゼロにすることができます。

これがなぜ節税につながるのかというと、**所得税の場合、所得の多い人に多くの所得控除をつけたほうが、節税効果としては大きいからです。極端な話、専業主婦で所得がゼロの人にいくら所得控除を増やしたところで、意味がありません。**

では、設問を考えてみましょう。一見、収入が大きい妻の所得控除を増やしたほうがいいような気がします。でもじつは違うのです。

給与は総合課税の給与所得、株式の売却益は分離課税の譲渡所得であるということを思い出してください。所得税は、総合課税の場合は税率が5~45%ですが、株式の譲渡所得では一律15%です。

そこで設問に戻ると、給与収入1000万円ということは、所得控除の額にもよりますが、税率は23%もしくは33%になると考えられます。つまり、妻の株式の譲渡所得に対する税率15%よりも高くなるわけです。これが、妻よりも夫のほうに医療費控除をつけたほうがいい理由です。このように、**所得控除を家族の誰につけるかは、収入金額に加えて、税率の違いも理解したうえで判断するようにしましょう。**

このあたりの判断に迷う場合は、国税庁のホームページの「確定申告書作成コーナー」に数字を打ち込むと、税額のシミュレーションをすることができるので、利用してみてください。

選択24

夫の死亡保険料「妻が払う」と「夫が払う」どっちが正解？

「誰が払ったか」でどれだけ税額は変わってくるのだろう？

正解 満期保険料の扱いを考えると、「夫が払う」が正しい

前項で、所得控除は名義ではなく、じっさいに支払った人につけることができると説明しました。そのため、所得控除に関する支払いは、所得税が多くかかる人がおこなうのが有効ということも理解できたと思います。

ただ、生命保険に関しては、注意が必要です。というのも、**「誰が保険料を負担したか」によって、思いもよらない税金がかかる可能性がある**からです。

じつは生命保険にまつわる税のしくみはややこしく、国税庁も「確定申告の際に誤《あやま》りの多い事例」としてホームページで公表しているくらいです。

生命保険の扱いがややこしいのは、「保険料を負担する人」と「保険金受取人」の関係によって扱いが変わってくるからです。一方、「保険契約者」の名義は関係ないので混乱してしまいます。

一般的に多いのは、「保険料負担者と保険金受取人が同じ人」という場合でしょう。「妻が亡くなったら、夫が保険金を受け取る」という保険で、保険料を夫が負担しているようなケース

【満期保険金等の課税関係】

保険料の負担者	保険金受取人	税金の種類
A	A	所得税
A	B	贈与税

＊満期保険金は、保険金負担者と保険金受取人のパターンで税目が変わる。

【死亡保険金の課税関係】

保険料の負担者	被保険者	保険金受取人	税金の種類
A(死亡)	A(死亡)	B	相続税
A(死亡)	B	B	相続税

＊保険料の負担者が死亡すると、相続税の対象。

です。

この場合、満期保険金を受け取った本人の一時所得として、確定申告が必要となります。受け取った金額から、必要経費として払い込んだ保険料を引きます。そして、一時所得には「特別控除50万円を引いて、2分の1にする」というルールがあるので、思ったほどは税金がかからないはずです。

一方、保険料負担者と保険金受取人が別人である場合は、税金の計算方法がまったく変わります。所得税ではなく贈与税、もしくは相続税の対象になってしまうのです。

たとえば、夫が保険料を負担していて、妻が保険金受取者になっているケースをイメージしてください。この生命保険が満期を迎えると、妻が満期保険金を受け取ることになります。じっさいに保険料を支払っていたのは夫ですから、実質的に夫から妻に財産贈与があったと判断されて、贈与税の対象になるのです。

同じ金額であっても、所得税になるか、贈与税になるのかで税額は大きく違います。まず、**贈与税の場合、所得税の一時所得の場合とは違って、支払った保険料を必要経費として差し引くことができませんし、2分の1の計算もありません。**しかも贈与税の税率は10~55%ですから、所得税の税率5~45%よりも高くなっています。

最後に、相続税の対象となるパターンについて解説しましょう。夫が自分自身を被保険者とする生命保険に加入し保険料を支払っていたようなケースで、夫が死亡して生命保険金を妻が受け取ったとイメージしてください。

相続税については、本書ではくわしく解説しませんが、生命保険については、保険料負担者と保険金の受取人の関係しだいで、税の扱いが大きく変わることは覚えておいてください。相続税なら、生命保険金が支払われる場合はもちろん、「生命保険金を受け取る権利」を引き継いだ場合も、課税の対象になります。

とくに保険金の受取者と、保険料の負担者が別人になるような場合、保険の契約をする前に、税金のこともあらかじめ考えておきたいところです。

選択
25

通院時の交通機関「マイカー」と「バス」本当に得なのは？

正解 全額を医療費控除にできるのは、公共交通機関の料金

1年間に10万円を超えるような医療費の支払いがあれば、医療費控除を使った節税を考えましょう。本人だけでなく、生計を一《いつ》にする家族の医療費も合算できます。このときに注意したいのが、「何が医療費控除の対象なのか」という点です。

同じように病院に通院するという目的であっても、マイカーの駐車料金やガソリン代は医療費控除の対象にならず、バスや電車の料金は対象になっているので、マイカーは不利です。タクシー代についても、こちらは電車やバスなどの公共機関を利用できない場合を除き、医療費控除の対象になりません。

このように、医療費控除には微妙な判断が少なくないため、その対象を理解しておく必要があります。まず、医療費控除の対象になるものは、病院に支払う治療費や医薬品の費用などが基本です。つぎに、医療費控除の対象として間違えやすいものを紹介しましょう。

①自家用車で通院する場合のガソリン代や駐車場の料金等

②健康診断や人間ドックの費用
③美容整形手術
④美化のための歯科矯正《きょうせい》治療
⑤メガネ、コンタクトレンズ、補聴器の費用（治療に必要な特殊眼鏡はＯＫ）
⑥医師等に対する謝礼金
⑦ビタミン剤などの病気の予防や健康増進のために用いられる医薬品の購入代金
⑧疲れを癒《い》やしたり、体調を整えたりするためのマッサージ費用
⑨家族や親類縁者への付添料《つきそいりょう》

これらは一見、医療費控除の対象になりそうに思えますが、いずれも医療費控除を使うことはできません。**とくに健康診断の費用や、歯科矯正治療のように、病院から領収書をもらえるものは勘違いしやすいです。**しかも歯列矯正治療については、治療の側面が強い場合には例外的に認められることもあるため、悩ましいもの。高額な費用になるだけに、事前に取り扱いを確認しておきたいところです。

医療費控除というと、健康のためにかかったお金であれば何でも認められると思われがちで

すが、予防や付添、美容目的といった、治療に直接当てはまらないものは対象にならないということを覚えておきましょう。

また、損害賠償や保険金などで医療費が補塡《ほてん》された場合も注意が必要です。この場合、補塡された金額を医療費控除の金額から除く必要があります。

よくあるのが、出産にともなう医療費控除の間違いです。たとえば出産にともなって医療費控除が50万円になったとしても、分娩《ぶんべん》費の補助金制度などで40万円が戻ってきたのであれば医療費控除は10万円に減額されます。

最後にもうひとつ間違いやすいポイントとして、「医療費の集計期間」の問題があります。**医療費控除は、じっさいに支払った日をベースにカウントされますから、治療を受けたのがいつかは関係ありません。**たとえば、令和元年12月分の入院費を、翌年1月に支払ったとすると、この入院費は令和元年分ではなく、令和2年分の医療費控除になります。

医療費控除は、いつも使えるというものではありませんが、一生のうちに何度かは使う機会がくるでしょう。

ケガや病気はできるだけ避けたいものですが、万が一、医療費控除を使えそうな状況になったら、あらためて医療費控除の対象を確認しておきましょう。

選択
26

「病院の領収書2万円分」と「ドラッグストアのレシート2万円円分」どっちが有用？

今年は大きな病気もケガもなかった！

正解 「ドラッグストアのレシート」なら、少額でも医療費控除の対象に

前項で説明した医療費控除は、1年間に自己負担した医療費の合計が10万円を超えなければ基本的に活用することができません。例外として、総所得金額等の合計が200万円未満の場合は医療費控除の計算方法が変わりますが、現役世代の収入レベルでは、やはり「医療費控除には年間10万円のハードルがある」と考えておいたほうがいいでしょう。

しかし、平成29年1月1日からはじまった医療費控除の特例「セルフメディケーション税制」の登場によって、状況が変わりました。

セルフメディケーション税制は、病院に行かず、市販薬でみずから治療をした場合に使える医療費控除で、年間1万2000円を超える支払いがあれば利用することができます。通常の医療費控除のハードルが10万円であることとくらべると、かなりハードルは低いといえるでしょう。

通常の医療費控除とセルフメディケーション税制は、いずれか一方を選択しなくてはならず、両方を使うことはできません。そのため、病院によく行く人は通常の医療費控除、ドラッグス

トアをよく使う人はセルフメディケーション税制を選択するのが合理的です。

気をつけなくてはならない点は、医療費控除の対象と、セルフメディケーション税制の対象の違いにあります。

セルフメディケーション税制の対象となる医薬品は厚生労働省によって指定されており、何でも認められるわけではありません。ただ、風邪薬や鎮痛剤といったものから、軟膏《なんこう》や湿布、点眼薬《てんがんやく》など幅広い品目が対象になっており、

セルフメディケーション税制の対象となる医薬品のパッケージに記されている共通識別マーク

その数は2019年7月30日現在、1744品目に上がっています。

とはいえ、いちいち厚生労働省のホームページなどから、セルフメディケーション税制を使えるかを確認するのは大変です。この点は、パッケージをよく見ることで解決できます。セルフメディケーション税制の対象の商品の多くに、共通識別マークが記されています。

もうひとつ確認しておきたいのは、セルフメディケーション税制を使える人には条件が設けられているという点です。通常の医療費控除の場合、支払った医療費の金額条件さえ満《み》たしていれば問題ないのですが、セルフメディケーション税制は違います。

具体的には、「健康の維持増進及び疾病《しっぺい》の予防への取組として一定の取組を行う個人」という条件なのですが、簡単にいえば、会社で定期健康診断を受けていたり、インフルエンザの予防接種を受けていたりすれば大丈夫です。

では、通常の医療費控除とセルフメディケーション税制を使える場合、どちらを選ぶべきなのでしょうか。これはじっさいに計算してみるしかありません。

通常の医療費控除は基本的に年間10万円を超える支払いが必要ですが、セルフメディケーションは年間1万2000円を超えればOKです。

ただ、**上限に関しては通常の医療費控除のほうが有利です。この上限額は200万円であるのに対し、セルフメディケーション税制の上限額は8万8000円と設定されています。**

たとえば、1年間に医療費控除の対象になる費用と、セルフメディケーション税制の対象になる費用を、いずれも30万円負担したのであれば、医療費控除を使ったほうが節税効果が高く、おトクです。

まとめると、大きな病気やケガをせず、ドラッグストアだけで済んだ年はセルフメディケーション税制を使い、入院など多額の医療費がかかった年には通常の医療費控除を使うといった考えが合理的です。

選択
27

妻の年収アップ、もちろん喜んでいいんですよね？

妻のパート年収「150万円」と「130万円」得なのはどっち？

正解 社会保険の扶養判定は「年間130万円」がボーダー

「103万円の壁」「100万円の壁」という言葉があります。これは、所得税や住民税がかかるボーダーを指すものです。

給与収入の場合、年間103万円を超えると所得税、年間100万円を超えると住民税がかかるため、この金額を超えないようにパートの仕事をしているという主婦の方も少なくないと聞きます。

じつは、100万円や103万円という金額は、そこまで気にする必要はありません。というのも、たしかに税負担が生じますが、100万円、あるいは103万円を超えた金額のみに対して税率がかかるので、それほど大きな負担にはならないからです。

つまり、税金だけのことだけを考えれば、「稼げば稼ぐほど手元にお金が残る」ということになるのですが、ここにふたつの落とし穴があります。

ひとつは、配偶者控除・配偶者特別控除に与える影響です。もし、夫が妻を扶養し、配偶者控除もしくは配偶者特別控除を利用しているのであれば、妻の収入アップにより、これらの控除が使えなくなる可能性があります。

このときにボーダーとなるのは、「年間150万円」です。年間150万円以内の給与であれば、配偶者控除・配偶者特別控除には影響がありません。150万円を超えると、だんだんと各控除が少なくなるので、夫にかかる所得税・住民税がアップします。

もうひとつの問題は、「社会保険の扶養から外れる」というものです。じつはこちらのほうが深刻です。この点は確定申告とは直接関係しませんが、重要なことなので説明しましょう。

まずイメージしていただきたいのが、夫が会社員で妻が専業主婦の家庭です。

この場合、夫は会社の健康保険に加入しています。夫の健康保険は扶養されている妻や子どもも使うことができますが、妻や子どもの分の保険料を追加で支払う必要はありません。つまり、夫ひとり分の保険料で、家族全員が健康保険を受けられるということです。

しかし、妻の収入が増え、130万円以上になると夫の健康保険上の扶養から外れてしまいますので、保険証も没収されます。

そして、妻は自分自身で健康保険に加入しなくてはなりません。すると、それまで払う必要のなかった健康保険料を新たに負担することになります。

問題はこれだけにとどまりません。年金についても、サラリーマンの扶養に入っている限り

【配偶者控除の金額】

控除を受ける納税者本人の合計所得金額	控除額	
	一般の控除対象配偶者	老人控除対象配偶者(※)
900万円以下	38万円	48万円
900万円超950万円以下	26万円	32万円
950万円超1,000万円以下	13万円	16万円

※老人控除対象配偶者とは、控除対象配偶者のうち、その年12月31日現在の年齢が70歳以上の人をいいます。

【配偶者特別控除の金額】

		控除を受ける納税者本人の合計所得金額		
		900万円以下	900万円超 950万円以下	950万円超 1,000万円以下
配偶者の合計所得金額	38万円超 85万円以下	38万円	26万円	13万円
	85万円超 90万円以下	36万円	24万円	12万円
	90万円超 95万円以下	31万円	21万円	11万円
	95万円超 100万円以下	26万円	18万円	9万円
	100万円超 105万円以下	21万円	14万円	7万円
	105万円超 110万円以下	16万円	11万円	6万円
	110万円超 115万円以下	11万円	8万円	4万円
	115万円超 120万円以下	6万円	4万円	2万円
	120万円超 123万円以下	3万円	2万円	1万円

＊上記の控除額は平成30年分、令和元年分の所得税に適用されるものです。

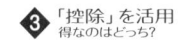

は、保険料を一切負担せずに国民年金の受給資格が与えられます。このしくみを「国民年金第3号被保険者」と呼びますが、保険料を払わずに将来は年金をもらえるわけですから、とてもメリットが大きいといえるでしょう。

この国民年金第3号被保険者も、扶養から外れてしまうと使えなくなってしまいます。そうすると、新たに国民年金などに加入し、毎月保険料を支払う必要が出てきます。

まとめると、**扶養に入っていた人が年間130万円以上の給与を得ると、その瞬間に新たに健康保険や年金の保険料を負担することになってしまうということです。**

ちなみに、国民健康保険の場合、保険料は住まいの市町村により異なり、国民年金の保険料は月額1万6410円（令和元年度）ですが、給与が130万円以上であれば、国民健康保険と国民年金を合わせて月額3万円程度の負担になるとイメージしてください。

こうなると131万円の収入が、手取り95万円まで減ってしまい、さらに所得税や住民税もかかってきます。家族の手取り収入を増やすうえでは、年間150万円を稼ぐよりも年間130万円のほうが、むしろ有利ということになってしまいます。

もし、現在配偶者が社会保険の扶養に入っているのであれば、「年間130万円未満」というボーダーを覚えておきましょう。

選択
28

「故郷に寄付」と「母校に寄付」どっちが得？

寄付をすると節税になることは知っているけど…

正解　豊富な返礼品が嬉しいふるさと納税はメリット大

日本は欧米とくらべて、「寄付の文化がない」といわれています。

じつは、寄付をうながすためにさまざまな税の優遇措置が設けられているのですが、それでも利用者はあまり多くはありません。私も税務職員時代に、寄付に関する相談を受けることはほとんどありませんでした。

ところが、「ふるさと納税」の登場によって、状況が一変しました。すでに利用されている方は実感していると思いますが、とくにサラリーマンの方にとって、ふるさと納税は「使わなければ損」という節税方法になっています。

では、なぜ、ふるさと納税はそこまですごいのか。これを「故郷に寄付」と「母校に寄付」の場合に分けて検証してみましょう。

ちなみに、ふるさと納税は故郷以外の自治体への寄付に対しても適用されますが、ここでは「ふるさと納税」のいち事例として「故郷に寄付」と表現しました。

まず、故郷に寄付した場合も、母校に寄付した場合も、「寄附金控除《きふきんこうじょ》」の対象になります。

寄附金控除の細かな計算方法についてはここでは触《ふ》れませんが、ポイントは「寄付金額を上限金額内に収めれば、実質的な自己負担は2000円になる」というものです。

上限金額の計算はやや複雑ですが、ふるさと納税を扱っている「さとふる」などのポータルサイトで簡単にシミュレーションをすることができるので、利用してみてください。

故郷に寄付しても、母校に寄付しても、節税効果としては同じです。たとえば、ある人が寄付上限額以内の5万円を寄付したとしたら、4万8000円分の所得税・住民税が少なくなるということです。上限額に収めれば実質的な自己負担額が2000円に収まります。

このように、本来の寄附金控除は「国に税金を納めるよりも故郷に貢献したい」「自分を育ててくれた母校を支えたい」といったニーズに応《こた》える制度なのです。

節税効果としては故郷も母校も違いはないのですが、ふるさと納税が一気に世の中に浸透した理由は、「返礼品」の存在にあります。

従来、地方自治体への寄付はすべてふるさと納税の対象になっていたこともあり（現在は総務大臣の指定が必要）、自治体どうしで返礼品競争が過熱しました。より魅力的な返礼品を用意した自治体に寄付が多く集まる構図になっていたためです。

先に、「ふるさと納税をうまく活用すれば、実質的な自己負担額を2000円に収められる」

と説明しましたが、これは、納税者はふるさと納税を活用することで、2000円の自己負担だけで全国から魅力的な返礼品を受け取ることができるということでもあります。

ちなみに、返礼品をもらうと一時所得として課税の対象になるのですが、年間50万円を超えるような規模にならない限り、税金はかかりません。

いまは、ふるさと納税を簡単に実行できるさまざまなポータルサイトもありますから、自分がほしい返礼品を探して、そこに寄付をするということも可能です。

このように返礼品があることによって、ふるさと納税は納税者にとってひじょうにうまみのある制度となりました。総務省の発表によると、ふるさと納税が現在のしくみになる直前の平成26年度と比較し、いまは10倍以上の人がこの制度を利用しているとのことですから、いかに急速に世の中に浸透《しんとう》したかがわかります。

ただ、こうした過度な返礼品競争が問題視され、令和元年6月1日から、総務省の指定を受けない地方自治体への寄付は、ふるさと納税の対象外となりました。

たとえば、返礼品にAmazonのギフトカードなどを用意して人気を集めていた大阪府の泉《いずみ》佐野《さの》市も指定から外れたので、いまは泉佐野市に寄付をしても寄附金控除を受けられなくなっています。

今後ふるさと納税を考えている人は、このような官公庁や自治体の動きや法改正にも注目しておいたほうが良さそうです。

一方、母校に寄付しても、ふるさと納税のような魅力的な返礼品が用意されているケースは稀《まれ》です。モニュメントに名前が彫《ほ》られたり、カレンダーなどの記念品が送られたりすることはあっても、高級和牛やフルーツ、米などを学校が用意するのは難しいでしょう。

さらに、ふるさと納税には「確定申告をせずとも受けられる」というメリットもあります。「寄附金税額控除にかかる申告特例申請書」を寄付先に提出することで、確定申告をせずとも節税メリットを受けられるようになったのです。この制度を「ワンストップ特例制度」といいます。

ワンストップ特例制度は、年間5自治体までに制限されているので、もし6以上の自治体に寄附をおこなう場合や、他の理由で確定申告をする人は、確定申告をしなくてはなりません。この場合、添付書類として寄付の領収書や、ふるさと納税であることが明記された振込票などが必要です。

これらの理由から、同じく寄付をするにしても、母校よりも故郷がいいという結論になるのです。もっとも、返礼品がなくても、母校に貢献したいという気持ちがあるのであれば、自己負担2000円で済むので積極的に利用されるといいと思います。

選択 29

総所得が年間500万円の人の配当収入、確定申告する？申告しない？

源泉徴収された配当金も、やはり申告すべき？

正解 確定申告をすれば、「配当控除」による還付金が期待できる

株式に投資をしていると、配当金を受け取ることがあります。この配当金は税金が源泉徴収されたうえで支払われているので、確定申告をせずに放置しておくことができます。

ただ、あえて「確定申告をする」という選択をすることもできます。ただし、確定申告をする場合は、「総合課税」と「申告分離課税」のどちらかを選ぶことになり、さらに所得税と住民税で異なる課税方式を選択できるルールになっているので、ひじょうに複雑です。

言い換えると、配当収入がある人は、毎年「確定申告をする・しない」「総合課税を選ぶ・分離課税を選ぶ」という選択を、所得税と住民税のそれぞれについておこなわなくてはならないということです。

まず所得税について「申告分離課税」を選ぶメリットを説明しましょう。これは、株式の売却損が出ているケースです。この場合、売却損と配当金を合算《がっさん》することができ、配当金から源泉徴収されていた税額が還付《かんぷ》されます。

一方、「総合課税」を選ぶと、株式の売却損との合算はできなくなります。ただし、この場

合は「配当控除」を受けられるというメリットがあります。配当控除の額は、配当所得の金額に対して、一定の割合を乗じて計算します。

ここで掛ける率は、課税総所得金額などが1000万円以下の部分については「所得税10％、住民税2・8％」、1000万円超の部分については「所得税5％、住民税1・4％」です。

では、これらの点をふまえて、どのような選択をすればいいのでしょうか？

計算の詳細は割愛《かつあい》しますが、**所得税については「課税総所得金額が900万円を超えなければ、総合課税を選ぶ」と考えておけば大丈夫です。**

まず、配当から源泉徴収される所得税の税率は15％です。一方、総合課税で申告をすると課税総所得金額に応じて税率は5～45％になり、ここから配当控除が10％分差し引かれることになります。

ここでもし、課税総所得金額が900万円以下であれば、配当控除を加味《かみ》すると配当の税率は実質13％になります。もともと源泉徴収されていた15％よりも低くなっていますから、この場合は確定申告をしたほうが得です。

ところが、課税総所得金額が900万円を超えると、配当控除を加味しても実質的な税率は23～40％になるため、源泉徴収されている税率よりも高くなります。つまり、確定申告をすると納税額が増えて損をしてしまうのです。

つぎに住民税について考えてみましょう。こちらの結論ははっきりしています。「申告不要制度」を使いましょう。住民税として配当から源泉徴収されている税率が5%であるのに対し、申告をすると10%の税率になってしまうので、損なのです。

しかも、配当所得の住民税申告をすると、国民健康保険料が高くなったり、幼稚園の助成金などに影響したりする可能性があるので、申告してもまったくいいことはありません。

ちなみに、**住民税の申告不要制度の手続きは住んでいる市区町村によって異なります。所得税の確定申告をする前に、住民税の手続きもあらかじめ確認しておいたほうが安心です。**

あらためて、結論をまとめます。

配当所得の所得税については、基本的に「課税総所得金額が900万円以下なら、総合課税で確定申告する」という選択が合理的です。

ただし、前年から繰り越している株式の譲渡損失がある場合、または複数の証券口座で取引をしていて、一部の口座で売却損が出ている場合は、申告分離制度のほうが節税できる可能性があるので、試算してくらべてみてください。住民税については、「申告不要制度を使う」の一択です。

選択 30

老後資金の準備「iDeCo」と「小規模企業共済」得なのはどっち？

正解 資金繰りの悪化に強い「小規模企業共済」のほうが安心

この項目とつぎの項目は、フリーランスなど、個人事業主の方に向けたものです。

個人事業主にとって、老後資金の準備は欠かせません。なぜなら、将来受け取れる年金が国民年金の老齢基礎年金のみとなってしまう可能性があるからです。

厚生労働省が公開している「平成29年度厚生年金保険・国民年金事業の概況」によると、たとえ国民年金保険料を満額納めていても、国民年金の平均月額は５万５０００円しかないそうです。これでは、どう考えても生活には不足します。

サラリーマンであれば、国民年金に加えて厚生年金（公務員は共済年金）を受け取ることができます。厚生労働省の同資料によると、厚生年金の月額平均支給額は約15万円ですから、老後資金の準備においては、サラリーマンにくらべて、個人事業主はかなり不利と考えるべきでしょう。

ただ、その代わりに個人事業主には老後資金を貯めるうえで使える優遇措置が複数用意されています。代表的なものが、「小規模企業共済」「国民年金基金」「個人型確定拠出年金（iDe

Co)」の3つです。

そこで、ここでは「iDeCo」と「小規模企業共済」を比較してみたいと思います。

両者の節税効果はひじょうに似ています。メリットは、「掛金の支払い時」、そして「将来の受取時」にそれぞれ用意されています。

まず支払い時について。国民年金基金の掛金は社会保険料控除として、iDeCoと小規模企業共済の掛金は小規模企業共済等掛金控除として、全額が所得控除になります。名称こそ異なりますが、節税効果としてはまったく同じです。

たとえば、**年間の事業所得500万円の人が、その年にiDeCoの掛金を10万円、小規模企業共済の掛金を60万円支払っていたとしたら、所得500万円から、社会保険料控除10万円と小規模企業共済等掛金控除60万円を両方引くことができます。**

受取時については、iDeCoも小規模企業共済も、分割（年金）もしくは一括で支払われます。このとき、年金で受け取れば「公的年金等控除」を、一時金であれば「退職所得控除」を受けることができ、やはり節税になります。

このように、節税効果だけで比較すると、iDeCoでも小規模企業共済でもほぼ変わりはありません。ただ、どちらか一方を選べといわれれば、私は小規模企業共済を選びます。じっ

【iDeCoと小規模企業共済の比較】

	iDeCo	小規模企業共済
掛金の上限(月額)	職業により 1.2万円~6.8万円	7万円
加入期間	原則として60歳まで	廃業等の日まで
途中解約	不可	可
手数料	初回手数料:2,829円 給付時:440円/1回 金融機関の変更時: 4,400円 ※その他金融機関に応じてかかる費用がある。	なし
貸付金制度	なし	あり
税制優遇 (掛金を支払った年)	掛金の全額が 所得控除	掛金の全額が 所得控除
税制優遇 (給付を受けた年)	一括の場合:退職所得控除 分割の場合:公的年金等控除	一括の場合:退職所得控除 分割の場合:公的年金等控除

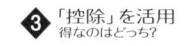

さい、私自身が独立してからずっと加入しているのは小規模企業共済です。

その理由は、「いざというときの対応力」の違いにあります。

iDeCoは原則として途中解約をすることができません。早くとも60歳になるまでは積み立てた掛金が戻ってくることがないのです。

一方、小規模企業共済の場合、途中解約が可能です。この場合、加入期間が246か月以上に達していれば、最高で掛金総額の120％が解約手当金として戻ってきます。

とはいえ、246か月というと約20年ですから、長いと感じるかもしれません。246か月よりも短い期間で解約をすると、加入期間が短くなるほどに、戻ってくる解約手当金は少なくなるので、それは避けたいところです。

こうしたときに使えるのが、小規模企業共済の「貸付金制度」です。これは、**積み立てた掛金に応じた限度額まで、貸付を受けられる**というものです。銀行などから借り入れるよりも利率は低く、特別な審査もないので、速《すみ》やかにお金を借りることができます。

こうして比較すると、小規模企業共済はひじょうに心強いと思いませんか？　iDeCoと小規模企業共済は併用することもできるので、節税メリットを増やしたいのであれば両方に加入してもいいでしょう。

選択
31

老後資金の準備「民間の個人年金」「国民年金基金」得なのはどっち？

節税効果には、どんな違いがあるんだろう？

正解 節税メリットは「国民年金基金」の勝ち

つぎに比較するのは「個人年金」と「国民年金基金」です。

個人年金は民間の保険会社が提供している商品であるのに対し、国民年金基金は公的な制度という大きな違いがあります。国民年金基金は誰でも利用できるものではなく、以下のふたつのどちらかを満たしている必要があります。

①日本国内に住所を有する20歳以上60歳未満の自営業やフリーランスなど、国民年金の第1号被保険者の人

②60歳以上65歳未満の人や海外居住されている人で、国民年金の任意加入被保険者の人

民間の個人年金と国民年金は、節税効果に大きな違いがあります。結論としては、国民年金基金のほうが節税効果は高いです。

個人年金と国民年金基金は、それぞれ所得控除に影響します。個人年金の保険料は「生命保

険料控除」、国民年金基金の掛金は「社会保険料控除」として扱われます。

ここで注意すべきは、「生命保険料控除には上限がある」という点です。この点が個人年金の最大のネックといえるでしょう。

個人年金保険料の支払額が年間8万円を超えると、生命保険料控除は上限の4万円に達してしまいます。つまり、8万円を超えていくら保険料を支払っても、所得控除は増えません。

一方、国民年金基金の掛金は社会保険料控除であり、こちらは上限がないので、払った分だけ節税効果を発揮できます。この点において、私は個人年金よりも国民年金基金のほうがいいと考えます。

ただし、個人年金は民間の保険会社が設計している商品のため、さまざまな工夫が凝《こ》らされています。たとえば、病気になると保険料の支払いをストップしてくれるようなものもありますから、場合によっては個人年金のほうがありがたいというケースもあるかもしれません。

それでも私は、まずは節税メリットの高いiDeCoや小規模企業共済、国民年金基金などの公的制度を中心に考え、不足する部分については民間の保険や年金を活用するほうが合理的だと考えます。

ちなみに、iDeCoや小規模企業共済とくらべた国民年金基金の特徴は、将来の受取方法を柔軟に設計できる点にあります。支給開始の年齢を設定できるほか、決まった年齢まで支給を受ける「確定年金」と、生涯にわたり年金を受け取ることのできる「終身年金」のいずれかを選択することも可能です。そして、受取時には公的年金等控除の対象になるので、この点も節税メリットとして挙げられます。

国民年金基金などの公的制度に対する節税効果は、ある意味で個人事業主の特権ともいえるものです。これを使わないのはもったいないです。

サラリーマンの場合、小規模企業共済と国民年金基金を使うことがそもそもできません。さらに、iDeCoについても、自営業者が月額6万8000円までを拠出できるのに対し、サラリーマンは条件によって月額1万2000~2万3000円に設定されています。

ちなみに、将来に向けた資産形成をするうえでは、NISAや、つみたてNISAも効果的です。これらは所得控除とは関係しないので本章では説明していませんが、次章にて取り上げますので、あわせて参考にしてみてください。

4

「特例」を活用して節税 得なのはどっち?

選択32

マンションは「48m^2」と「50m^2」どっちを買うべき?

広さによって、特例が使えないケースもあると聞きましたが…

正解 さまざまな特例の条件を満たすのは「登記面積50㎡以上」

本章では、特別な条件を満《み》たした場合に使える「特例」を取り上げます。いわば節税の応用編です。

特例は、使うための条件が複雑で手続きも面倒です。そのため、くわしい情報は国税庁のホームページなどで確認する必要がありますが、いずれもひじょうに節税効果の大きなものばかりです。

ここでは、ひとまず、「こういうときは、こんな特例が使えるのか」というイメージだけでもつかんでおいてください。

私たち一般の個人が使える特例はそう多くはありませんが、「不動産」にまつわるものは複数存在します。こちらは動く金額が大きいだけに、特例を使えるかどうかは重要な問題です。

不動産に関して特例を使えるチャンスは、「買ったとき」そして「売ったとき」です。そして、特例の条件については、「どういう物件か」「どういう使い方をしてきたか」という2点に絞られます。

まず、「どういう物件か」ということについては、多くの特例に共通する条件があります。

それは、「50㎡あるか?」というものです。つまり、50㎡あれば使えるが、なければ使えない特例があるのです。

たとえば住宅ローン控除は、状況にもよりますが最大でトータル520万円もの税額を節約できる制度です。これが、床面積が50㎡未満という理由だけで使えなくなってしまうのは、絶対に避けたいものです。

そう考えると、**「床面積が48㎡で2000万円のマンション」と「床面積が50㎡で2300万円のマンション」で迷うのであれば、後者を選んだほうがいいということになります。**

ちなみに、床面積を調べるときは、「登記面積」を見るようにしてください。じつは広告などに記載されている面積は「壁芯《へきしん》面積」というもので、登記面積よりも若干《じゃっかん》広めになっています。特例の条件は登記面積で判断するので、注意しましょう。

住宅ローン控除は、増改築のためにローンを組んだ場合にも利用できます。ここでも、やはり床面積50㎡という条件がついており、増改築後の登記上の床面積が50㎡以上である必要があります。

選択
33

不動産を売る時期「買って4年後」と「買って6年後」どっちが得？

どうせ売るなら
長く所有しないほうがよいのでは…

正解 「所有期間」が5年を超えると税率が約半分に

不動産を売却すると、多額の所得税や住民税がかかる可能性があります。動く金額が大きいだけに、しっかりと節税対策をしておきたいところです。

ここで重要になるのが、「税率を低くする」ということ。そのために理解しておきたいのが、「長期譲渡所得」と「短期譲渡所得」の違いです。

この違いの説明の前に、簡単に不動産を売ったときの所得計算について知っておく必要があります。

まずベースになるのが、不動産を売った代金などの「収入金額」です。ここから、その不動産を取得するのにかかった「取得費」と、売却するときにかかった「必要経費」を差し引くと、譲渡所得を算定することができます。

なお、建物の取得費については、購入した金額が全額取得費になるわけではありません。ここでは詳細な説明は省《はぶ》きますが、簡単にいえば、古い建物ほど、取得費にできる数値が減っていきます。

このようにして求めた所得に対して税率を掛けた金額が所得税や住民税になるのですが、このときに長期譲渡所得になるか、短期譲渡所得になるかで税率が変わってきます。両者の違いを見てください。

・売却した年の1月1日において資産の所有期間が5年を超えるもの→**長期譲渡所得**（所得税15％、住民税5％）
・売却した年の1月1日において資産の所有期間が5年以下のもの→**短期譲渡所得**（所得税30％、住民税9％）

なんと、短期譲渡所得と長期譲渡所得の違いだけで、税率が倍近くも変わってしまいます。極端な話、所得金額が2000万円だったとして、所有期間が5年であれば税負担は780万円、6年であれば400万円ですから、とても大きな差になります。

ここで注意していただきたいのは、所有期間の算定は「売却した年の1月1日において」というところです。つまり、買ってから売るときまでが5年あるかどうかで判定するわけではありません。

たとえば、令和元年2月3日に買った土地があるとしましょう。この土地を令和6年4月1日に売ったとしたら、これは短期譲渡所得に区分されます。所有していた期間そのものは5年以上あるわけですが、令和6年1月1日時点では5年以下だからです。

長期譲渡所得を狙って売却をしたい場合は、所有期間に気をつけなくてはなりません。また、所有期間のカウントは、契約日ではなく引渡日が基準になることも覚えておいてください。

さて、このように譲渡所得は長期に区分されると税金が少なくなるわけですが、自宅を売却する場合は、さらに所有期間の長さによる優遇措置が用意されています。いわゆる「軽減税率の特例」というものです。

この特例の条件も複数ありますが、ポイントとなるのが、**「売った年の1月1日において、売った家屋や敷地の所有期間がともに10年を超えていること」**というものです。条件を満たすと所得6000万円までは所得税10%、住民税4%まで下げることができます。

さらに、自宅を売却した場合は、「3000万円の特別控除」という特例も重複して使うことができます。このあわせ技で、税金をほぼゼロにすることも不可能ではありません。自宅を売却するときは「少なくとも5年、できれば10年以上」とイメージしておきましょう。

選択34

住まなくなった田舎の空き家
処分したいんだけど…

自宅を売る時期「転居から2年後」「転居から4年後」どっちが得？

正解　「転居してから4年後」では使えなくなる特例がある

前項で説明した「3000万円の特別控除」や「軽減税率の特例」の条件には、「住まなくなった日から3年を経過する日の属する12月31日までに売ること」というものがあります。つまり、この期限を1日でも過ぎると、特例が使えなくなってしまうので、ひじょうに大きな損になってしまいます。

なぜ、このような条件があるのかというと、3000万円の特別控除などの特例は、「居住用」であることが条件になっているからです。この判定は、基本的には売却する時点でなされるのですが、住まなくなった日から3年という猶予《ゆうよ》が与えられていると考えてください。

ただし、状況によっては、住まなくなった日から3年を超えてしまったときの救済措置が用意されています。その点も説明しておきましょう。

3000万円の特別控除に関して設けられているのが、「被相続人の居住用財産（空き家）を売ったときの特例」（以下、「空き家特例」）というルールです。

ポイントとなる条件は、**「相続開始の直前において、被相続人以外に居住をしていた人がい**

なかったこと」というもの。つまり、親が亡くなるまで一人暮らしをしていた物件を相続して売るようなケースが対象になるということです。

このような物件を相続人が売れば、相続人自身が居住していなかったとしても、3000万円の特別控除を受けることができます。

ここで、少し疑問に思いませんか? 人にもよりますが、誰もが自宅で最期を迎えられるとは限りません。とくに介護が必要になれば、介護老人施設などに入所するのが一般的でしょう。

そこで、さらなる救済措置も平成31年度税制改正により設けられました。

それは、つぎのふたつの条件をいずれも満たした場合、「空き家特例の条件に合致《がっち》しなかったとしても、3000万円の特別控除が認められる」というものです。難しい言いまわしですが、ひとまず条件をそのまま記載します。

①被相続人が介護保険法に規定する要介護認定等を受け、相続の開始の直前まで老人ホーム等に入所をしていたこと。

②被相続人が老人ホーム等に入所をしたときから、相続の開始の直前まで、その家屋について、その者による一定の使用がなされ、かつ、事業の用、貸付けの用又はその者以外の者

の居住の用に供されていたことがないこと。

たとえば、実家で一人暮らしをしていた父親が、要介護認定を受けて、老人ホームに入所したとします。父親は、いずれ体調が回復したら自宅に戻るつもりで、空き家のまま管理していたものの、残念ながら自宅に戻ることなく亡くなってしまったというケースです。

このような場合においては、相続人が売却しても3000万円の特別控除が認められる可能性があります。

これらの特例は、「両親の自宅をどう処分するか」という問題を考えるときに、頭のなかに置いておきたいものです。というのも、両親の世代が購入した不動産は、地価が上昇する前に購入したケースが多く、譲渡所得が発生します。とくに先祖代々相続してきた土地に実家があるような場合は、ほぼ確実です。

そのため、両親の自宅を相続して、使わないからといって売ろうとすると、かならず税金の問題が出てくるでしょう。そのときに使える特例なのです。

選択
35

自宅の売却損が出たら「ローンで新居に買い替え」と「賃貸に引っ越し」正解はどっち？

持ち家と賃貸、税金面だけを見ればどちらが得？

正解 自宅を買い替えて10年以上のローンを組めば、節税効果大

「持ち家と賃貸、どっちが得？」という議論は昔からなされていますが、税金面だけを考えると、持ち家のほうが得です。

たとえば、住宅ローン控除は、自宅を買ってローンを組んだ人にしか使えません。これまでに説明した3000万円の特別控除や軽減税率の特例なども同様です。

ここで紹介する特例は、譲渡損失が出たときに使えるものです。たとえば、2000万円で買ったマンションが1000万円でしか売れなかったようなケースをイメージしてください。

譲渡所得は、申告分離課税なので、総合課税である給与所得や事業所得などを合算することはできません。唯一《ゆいいつ》できるのが、譲渡所得どうしで合算するというものです。

しかし、1年に複数の譲渡所得がある人はそれほど多くないはずです。一般の人が、複数の不動産を1年のうちに売却するということは、ほとんどないでしょう。そうすると、自宅を売って出た譲渡損失は、節税に一切活《い》かされないということになってしまいます。

しかし、ここであきらめてはいけません。譲渡損失を活用できる特例が存在するからです。

この特例は、国税庁のホームページでは「居住用財産の買換え等の場合の譲渡損失の損益通算及び繰越し控除」と記載されていますが、とても長いので、税務職員は根拠条文である租税特別措置法第41条の5から取って「41の5(よんいちのご)」と呼んでいます。

41の5を使うと、自宅の売却損を、総合課税所得とも合算(損益通算)できるようになります。さらに嬉しいのは、損益通算をして、使い切れなかった損失がある場合、翌年以後最長3年間繰り越せるという点です。

ここで設問に戻ります。じつは41の5には「新居を取得した年の12月31日時点で、新居について返済期間10年以上の住宅ローンがあること」という条件があります。つまり、賃貸に引っ越した人は使えないのです。

ただし、41の5を使えない人に向けた特例が別途存在します。これは通称「41の5の2(よんいちのごのに)」と呼ばれているものです。

41の5と41の5の2は、ひじょうに似ている特例なのですが、41の5にくらべて、41の5の2の使い勝手は大きく劣《おと》ります。残念ながら、41の5の2を活用できる場面はそう多くはありません。

基本的に、41の5と同様に、41の5の2にも損益通算と損失の繰越しという効果があります。

しかし、譲渡損失として認められる金額に上限があるという点が、大きなネックになっています。これは、計算上のマイナスの全額が譲渡損失として認められる41の5とは大きく異なる点です。

41の5の2で損益通算ができる譲渡損失の限度額は、「マイホームの売買契約日の前日における住宅ローンの残高から売却価額を差し引いた残りの金額」と定められています。数字を当てはめて考えてみましょう。

たとえば、住宅ローンが3000万円残っている自宅が2000万円で売れたとします。譲渡損失は4000万円と仮定します。このとき、損益通算できる限度額は、3000万円から2000万円を引いた1000万円のみとなります。じっさいの譲渡損失は4000万円であっても、そのうち4分の1しか認められないわけです。

要は、**41の5の2で損益通算や繰越控除が認められるのは、「売却代金を全額住宅ローンの返済にあてても返しきれない金額」ということです**。ですから、売却代金で住宅ローンの残債を完済したような場合、41の5の2は使えないのです。

このように、41の5の2よりも41の5のほうが節税効果を期待できますので、賃貸に引っ越すよりは、住宅ローンを組んで新居に引っ越したほうがいいということになります。

選択36

自宅の名義変更「妻に売る」と「妻にあげる」どっちを選ぶ？

所得税より贈与税のほうが高いから売ったほうがいいですよね…

正解 婚姻期間20年以上なら、「妻にあげる」で特例あり

別名「おしどり贈与」と呼ばれている特例があります。これは、夫から妻に自宅を贈った場合に使えるもので、所得税ではなく贈与税の特例です。

そこで今回比較したのが、「自宅を妻に売る」と「自宅を妻にあげる」です。結論としては特例を使える後者が有利なのですが、くわしく解説していきましょう。

夫が妻に自宅を売ると、夫は所得税の確定申告で譲渡所得を申告する必要があります。一方、夫が妻に自宅をあげると、受け取った側の妻は贈与税の対象になるので、贈与税の確定申告が必要になります。

本来、所得税よりも贈与税のほうが、税負担が重くなるので、夫から妻に売ったほうが税負担が少ないと思われがちですが、そうではありません。

理由は、特例の存在にあります。この特例は、**婚姻《こんいん》期間が20年以上の夫婦のあいだで、居住用不動産や、居住用不動産を取得するための金銭の贈与がおこなわれた場合、最高2000万円までの配偶者控除がつくというものです。**

もともと、贈与税には年間110万円の基礎控除があるので、これらを合わせると、2110万円までの贈与が非課税になるという計算です。もし、贈与額が2110万円を超えれば、超えた分に対して贈与税がかかります。

一方、妻に自宅を売った場合、こうした特例は存在しません。むしろ、第三者に売っていれば使えたはずの3000万円の特別控除や軽減税率の特例などが使えなくなってしまいます。これらの特例は、夫婦間や親子間の売買には使えないのです。

しかも、売却金額の設定によっては、夫に所得税がかかるだけでなく、妻に贈与税がかかる可能性があります。極端なケースですが、本来3000万円の価値がある自宅を100万円で夫から妻に売ったと想像してみてください。これは、ある意味で差額の2900万円をあげたのと同じですから、贈与税の対象になるということです。しかも、贈与税の対象になるのに、この場合は「おしどり贈与」の特例は使えません。

そのため、もし夫婦間で自宅の売買をしたければ、きちんと不動産の価格査定をする必要があります。ここには当然費用がかかってくるでしょう。でもそこまでしないと、税務署から指摘を受ける可能性があるのです。

こういった理由で、もし夫婦間で自宅の名義を変えるときには、売買ではなく贈与にして、おしどり贈与の特例を使うことをおすすめします。

なお、おしどり贈与の特例を使うにあたっての注意点があります。まず、婚姻期間20年という条件ですが、これは民法上の婚姻関係がなくてはいけません。つまり、内縁関係では使うことができません。

また、**あくまでも居住用の不動産が対象なので、貸付用の物件や空き家などは対象になりません。**自宅の一部が店舗になっているような場合も、その部分は特例の対象外です。

ちなみに、おしどり贈与の特例は、自宅の名義を夫から妻、あるいは妻から夫に変えるときに使えるものですが、その他に、新居の購入資金の贈与として活用することもできます。

たとえば、新居への引っ越しを考えているときに、「夫がお金を出して、妻の名義にする」といった場面でも、おしどり贈与の特例が使えるということです。

つぎのトピックで説明する「住宅取得資金贈与の特例」は親子や祖父母と孫のあいだで使えるものですが、こちらはその〝夫婦版〟と考えてください。

おしどり贈与の特例を使えるのは、基本的に一生に一度だけのチャンスです。再婚をして別の配偶者から贈与を受けるときは別ですが、同じ相手からの贈与に対しては、最初で最後のチャンスになりますので、慎重に利用してください。

選択37

住宅の購入資金「親からもらう」「親から借りる」得なのはどっち？

正解　親からもらえば、贈与税の特例が使える

自宅を購入するときの頭金を、両親や祖父母から協力してもらうというケースを思い浮かべてください。このときに問題になるのが贈与税です。

ただ、条件を満たせば、数千万円単位の資金をもらっても非課税にすることができる特例があります。それが、「住宅取得資金贈与の特例」です。**贈与税にはもともと年間110万円の基礎控除額があるのですが、特例を使えば、さらに最大3000万円もの贈与を非課税にすることができます。**

では、具体的な効果をシミュレーションしてみましょう。

親から住宅取得資金として2000万円をもらったとします。特例を使わなければ、贈与税は585万5000円です。これを、特例でゼロにできる可能性があるので、ぜひとも活用すべきです。

ちなみに、贈与税の計算方法には、「暦年《れきねん》課税」と「相続時精算課税」という2パターンがあり、住宅取得資金の特例の計算もそれぞれ設けられていますが、ここでは原則的な暦年課税

【非課税限度額】

・住宅の代金に含まれる消費税率が10%の場合

住宅用家屋の新築等に係る契約の締結日	省エネ等住宅	左記以外の住宅
平成31年(2019年)4月1日~令和2年(2020年)3月31日	3,000万円	2,500万円
令和2年(2020年)4月1日~令和3年(2021年)3月31日	1,500万円	1,000万円
令和3年(2021年)4月1日~令和3年(2021年)12月31日	1,200万円	700万円

・住宅の代金に含まれる消費税率が10%ではない場合

住宅用家屋の新築等に係る契約の締結日	省エネ等住宅	左記以外の住宅
~平成27年12月31日	1,500万円	1,000万円
平成28年1月1日~令和2年(2020年)3月31日	1,200万円	700万円
令和2年(2020年)4月1日~令和3年(2021年)3月31日	1,000万円	500万円
令和3年(2021年)4月1日~令和3年(2021年)12月31日	800万円	300万円

*上記の非課税限度額に加えて、年間110万円の基礎控除も贈与額から差し引かれる(暦年課税制度の場合)。

のパターンで説明を進めます。くわしく条件を見ておきましょう。

住宅取得資金贈与の特例は、平成27年1月1日から令和3年12月31日までのあいだに、父母や祖父母などの直系尊属《そんぞく》からの贈与により、自宅を取得した場合に使えるものです。ですから、叔父さんや兄弟からの贈与であったり、もらった資金を住宅取得以外に使ったりという場合は特例の対象外になってしまいます。

非課税とされる金額は、その購入にかかった消費税の状況や、住宅が省エネ住宅か否《いな》かによっても違い、上の表のとおり設定されています。

この非課税枠に収まれば贈与税はゼロです。超えたとしても、超えた金額のみが贈与税の対象なので、やはり納税額をかなり抑えることができます。

住宅取得資金贈与の特例には、「資金をもらった人（受贈者）」「住宅用家屋」のそれぞれに細かい条件が設けられています。そのうち代表的な条件を紹介しましょう。

まず、受贈者は「贈与を受けた年の1月1日において20歳以上であること」「贈与を受けた年分の所得税に係る合計所得金額が2000万円以下であること」といった条件が設けられています。

つぎに、住宅用家屋の条件で気をつけたいのは、「選択32」でも説明したように登記上の床面積が50㎡以上必要という点です。ただし広すぎても問題があり、240㎡以下である必要があります。家屋の床面積の2分の1以上が居住用という条件にも注意しましょう。

住宅取得資金贈与の特例について、とくに勘違いしやすい条件がふたつあります。これは私が税務職員として確定申告の相談対応をしていたときによく目にしたケースです。

まずひとつは「贈与された金額の全額を住宅取得資金にあてる」という条件について。「全額」というところがポイントです。もらった資金の一部でも、他のことに使ってしまうとアウトなのです。

つぎに、「贈与を受けてから、住宅取得まで時間がかかる」というケースにも注意しましょう。

特例のルールでは、贈与を受けた年の翌年までに建物を建てなくてはならないので、間に合わなければ問題になってしまいます。もし、工事が遅れるなどした場合であっても、最低限、屋根の骨組みがあり、土地に定着した状態になっている必要があります。

もうひとつ、勘違いしやすい重要なポイントは、「贈与された資金を住宅ローンの返済金にあてるのはNG」ということです。たとえば、親からもらった資金で住宅ローンを返した場合、これは住宅取得資金贈与の特例の対象にはなりません。

住宅取得資金贈与の特例は、あくまでも家屋の新築や取得、増改築、その敷地の取得にあてるために資金を使った場合に使える制度です。つまり、頭金や住宅取得のタイミングでかかる諸費用にしか使うことができません。

この点を間違えると特例を使えなくなり、大変なことになってしまいます。

特例を使うつもりでいたということは、贈与税の納税資金も準備できていないでしょうから、納税の期限に遅れてしまう可能性が高くなります。そうすると、追徴《ついちょう》税が課せられるだけでなく、住宅ローンどころではない利率で負担が増えてしまいます。

これは住宅取得資金贈与の特例に限った話ではありませんが、特例をあてにして大きな売買をするときには、かならず細かな条件を1つひとつ確認するようにしてください。

選択
38

親からの生前贈与「毎年110万円を10年」と「一括で1100万円」どっちを選ぶ?

分割と一括、どんなメリット・デメリットがある?

正解 「暦年課税制度」を使って毎年110万円ずつ生前贈与をする

贈与税の計算方法に関して、「暦年課税」と「相続時精算課税」という2種類があると説明しました。この選択に迷う人は少なくありません。

両者のうち、基本となる計算方法が「暦年課税」です。年間110万円まで非課税で、110万円を超えると10~55%の税率で贈与税がかかるという方法です。

ここで、60歳以上の父母や祖父母から、20歳以上の子や孫に対する贈与であれば、暦年課税ではなく、「相続時精算課税」に変更することができます。

相続時精算課税制度を選択すれば、最高で2500万円までを非課税にすることができますし、超えたとしても税率は一律20%です。これだけを聞くと、暦年課税よりも相続時精算課税制度のほうが有利と思うでしょう。

しかし、ふたつの意味で注意が必要です。

まず、非課税枠の計算について。**暦年課税の場合、年間110万円が非課税枠です。しかし、相続時精算課税の場合、生前贈与の「累計《るいけい》額」に対して2500万円の非課税枠が設けられて**

【相続時精算課税の計算イメージ】

年分	贈与額	非課税額	課税対象となる贈与額	非課税額の繰越し
平成28年分	1,000万円	1,000万円	なし	2,500万−1,000万=1,500万円
平成29年分	2,000万円	1,500万円	2,000万−1,500万=500万円	1,500万−1,500万=0円
平成30年分	50万円	0円	50万円	なし

います。イメージしにくいと思いますので、具体例で説明しましょう。

たとえば、Aさんという人が、令和元年に父親から2000万円の贈与を受けて、相続時精算課税制度を選択したと考えてください。そうすると、2500万円以内ですから、非課税となります。そして、翌年に繰り越される節税枠は、2500万円－2000万円＝500万円に減ります。

さらに時を経て令和10年に、Aさんが父親から2000万円を贈与されたとします。このとき残っている非課税枠は500万円しかありませんから、2000万円－500万円＝1500万円に対して20％の贈与税がかかってしまいます。

この時点でAさんの非課税枠は消滅するので、あとは父親から受けた贈与については、すべて20％の税率で贈与税の確定申告が必要になります。相続時精算課税をいったん選ぶと、暦年課税の110万円の非課税は使えないので、極端な話、父親から1万円をもらっただけでも贈与税がかかってきます。

もうひとつ、相続時精算課税制度には注意しなくてはならないデメリットがあります。なんと、いったん非課税とされた贈与も、将来的に相続税の対象になってしまうのです。

たとえば、相続時精算課税制度を使って、父親からの生前贈与2000万円を非課税にしたとしても、その父親が亡くなって8000万円の財産を残していたのなら、この8000万円に2000万円を足した1億円をベースに相続税が計算されます。

こうした理由から、**暦年課税と相続時精算課税制度で迷うのであれば、私はシンプルな暦年課税を使って、少しずつ生前贈与をすることをすすめたいと思います。**

ちなみに、暦年課税を選んだ場合であっても、贈与者が亡くなる3年前以内に贈与された財産については、相続税の対象に含まれることになっています。

ですから、「お父さんの余命が短いから、相続税対策のために急いで生前贈与しないと」と思っても、それは無理です。生前贈与による相続税対策は、できるだけ早くから考えておきましょう。

選択
39

親からのサポート「住宅取得資金」と「教育費」どっちを選ぶ？

どちらのサポートのほうが、節税にはいいのだろう…

正解 「住宅取得資金」の特例のほうが効果的

家族をもつ人にとっての二大出費が「自宅の購入費」と「教育費」です。いずれも数千万円単位の資金が必要になるので、自分の親からサポートしてもらうこともあるでしょう。

このとき、どちらの名目でサポートしてもらうかによって、贈与税の扱いが変わってきます。

「選択37」で、自宅の購入費の贈与を受けた場合に使える「住宅取得資金贈与の特例」について説明しましたが、教育費についても贈与税の特例が存在します。

そこで今回取り上げたのが、「住宅取得資金と教育費の一方だけを贈与してもらえるとしたら、どちらを選ぶべきか」というものです。

結論からいえば、私なら住宅取得資金贈与の特例を選びます。

教育費に使える特例は、「直系尊属から教育資金の一括贈与を受けた場合の非課税」（以下、「教育資金特例」）と呼ばれているものです。

平成25年4月1日から平成31年3月31日までのあいだに使える期間限定の特例だったのですが、平成31年の税制改正で、2021年（令和3年）3月31日まで延長されることが決まりました。

この特例を使えば、直系尊属（両親や祖父母など）から子や孫に対する教育資金の贈与が、1500万円まで非課税になります。

教育資金特例を使うには、以下の手順をふむ必要があり、通常の贈与のように、一度お金を受け渡しすれば終わりというものではありません。

①信託銀行等で、教育資金贈与用の非課税口座を申し込む
②学費などの領収書等を提出し、資金を払い戻す
③一定の条件に該当した場合、信託銀行等との契約が終了する
④非課税口座に残金があれば、贈与税の対象になる

具体例で説明していきましょう。教育資金特例を使う場合、最初にやるべきことは専用口座の開設です。この口座に、教育資金として贈与する金額を贈与者が入金します。

この口座から、受贈者は教育費が必要になった都度、必要な金額だけを引き出します。たとえば、大学の入学金200万円を払ったとしたら、その領収書等を、専用口座のある窓口に持

参すると、200万円を引き出すことができます。

このような基本的な手続きを経たうえで、専用口座の契約は「受贈者が30歳に達した日」など、いくつかのタイミングで終了します。そして、終了した時点で口座に残っている資金があれば、その資金に対して贈与税が課せられる可能性があります。

このように、住宅取得資金贈与の特例にくらべると、教育資金特例は手続きが複雑です。「どれくらいの金額を専用口座に入れておくべきか」を判断するのも難しいでしょう。住宅取得資金なら、自宅の購入費というはっきりした基準があるから考えやすいですが、教育費は、子や孫の考えや受験結果にも左右されるからです。

しかも、じつは両親や祖父母が、子や孫の教育資金を、必要になる都度支払っても、そもそも贈与税はかかりません。

たとえば、子どもが大学に入学するタイミングで、親や祖父母が入学金を200万円支払うといったことは普通のことでしょう。

こういった場合、贈与税の確定申告は必要ありません。**親子間、あるいは祖父母と孫の関係であれば、扶養義務があるので、必要になる都度、教育資金を負担する分には、まったく問題ないのです。**

選択40

株式を運用するなら「NISA」と「つみたてNISA」どっちが得？

どちらも「節税効果が高い」と聞いたことはありますが…

正解 長期的に資産形成をしたい人は「つみたてNISA」が最適

本章の最後に、資産運用に使える特例として、NISA（少額投資非課税制度）を紹介します。NISAは、株式や投資信託などから得られる売却益や配当などのリターンを非課税にできる特例です。NISAは確定申告をする必要はなく、証券会社を通じて手続きをするものですが、節税効果が大きいため本書でも触れておきたいと思います。

株式や投資信託などに投資をして、売却益や配当などを得た場合、通常は所得税と住民税を合わせて20%の税金が課せられます。

しかし、NISAの手続きをして非課税口座を証券会社等で開設すれば、その口座内で株の売買などをおこなうことで、得られるリターンを非課税にすることができます。投資金額には上限額があるものの、その範囲内で投資をすれば、いくらリターンを得たとしても、税金はゼロです。

NISAは2014年からスタートした制度ですが、2018年から新たに「つみたてNISA」という制度もはじまりました。そのため本項では、前者を「一般NISA」として説明を進めます。

一般NISAとつみたてNISAには異なった特徴があり、どちらか一方しか選ぶことができません。両者とも一長一短があり、悩ましいところですが、コツコツと長期的に資産を増やしていきたい人には、つみたてNISAをおすすめします。

では、一般NISAとつみたてNISAの違いを見ていきましょう。大きくはふたつのポイントで違いがあります。「上限額」と「運用期間」です。

まず上限額は、一般NISAが年間120万円であるのに対して、つみたてNISAは年間40万円です。**もし1年間に100万円を投資したいのであれば、一般NISAならすべて非課税枠に収まりますが、つみたてNISAの場合は、一部課税されてしまうというわけです。**

これだけを見ると、一般NISAを選びたくなるでしょう。しかし、「運用期間」も大切です。こちらは、一般NISAが基本的に5年（最長10年）であるのに対し、つみたてNISAは最長20年です。つまり、非課税にできる総額としては、つぎのようになります。

一般NISA→**120万円×5年＝600万円**
つみたてNISA→**40万円×20年＝800万円**

【一般NISAとつみたてNISAの比較】

	一般NISA	つみたてNISA
運用期間	5年（最長10年）	20年間
投資限度額	年間120万円 （最大600万円）	年間40万円 （最大800万円）
節税効果	リターンが非課税	リターンが非課税
対象商品	株式、投資信託、ETF など	一定の条件を満たす 投資信託とETF

こうして比較すると、じつはつみたてＮＩＳＡを使ったほうが、より多く投資ができることがわかります。この違いをふまえると、長期投資にはつみたてＮＩＳＡのほうが合っているといえるでしょう。

ただし、人によっては一般ＮＩＳＡのほうが合っている可能性があります。一般ＮＩＳＡに向いているのは、つぎのようなタイプの人です。

①短中期で十分な利益を出せる自信がある人
②いろいろな金融商品に投資をしてみたい人

とくに重要なポイントは②です。**つみたてＮＩＳＡの場合、金融庁が定めた一定の基準を満たした「投資信託」と「ＥＴＦ（上場株式投資信託）」のみが対象になります。**

つまり、個別の株式を買って売買をするような投資スタイルには使えないのです。

一般ＮＩＳＡには、このような制限はありません。個別株の売買も対象になりますし、もちろん投資信託やＥＴＦに投資をしても問題ありません。

２０１９年９月時点で、つみたてＮＩＳＡの対象となっている商品の数は、２００弱とのことですから、つみたてＮＩＳＡを利用したいのであれば、この限られた選択肢から選ぶ必要があります。

ただ、この選択肢の少なさも、ある意味でメリットといえます。つみたてＮＩＳＡの対象となる金融商品は、長期投資に向いた商品ばかりです。具体的にいうと、手数料の負担を抑えながら、着実に資産を育てていける商品が、つみたてＮＩＳＡの対象になっています。

私自身、一般ＮＩＳＡではなく、つみたてＮＩＳＡを選択し、毎月投資信託のつみたて投資をおこなっています。ここで得たリターンは非課税ですから、将来どのように増えていくのかが楽しみです。

なお、老後資金を貯めるうえでは年間40万円というつみたてＮＩＳＡの上限では足りないと考える方もいるでしょう。そのときは、第3章の「選択30」で説明したｉＤｅＣｏや小規模企業共済などもあわせて活用してみてください。

5

申告書作成・納付手続き 得なのはどっち?

選択
41

「郵送で提出」と「e-Taxで申告」得なのはどっち？

e-Taxは便利だろうけど、難しそう・・・

正解 「e-Tax」にすれば青色申告特別控除が増える

ここまで、おもに確定申告書の「中身」に関するポイントを解説してきました。最終章は、じっさいに確定申告書を提出し、納税をする場面で気をつけたいことをまとめます。

同じ内容の確定申告書でも、提出方法や納税方法によっては損をしてしまう可能性があるので、まずは基本的なルールを理解しておきましょう。

最初に取り上げるのは確定申告書の提出方法についてです。確定申告書を作成したら、申告期限までに税務署に提出をしますが、このときに以下の3つの方法を取ることができます。

①所轄の税務署に直接持参する
②e-Taxを利用する
③所轄の税務署に郵送する

確定申告書の内容に不安がある人は、①を選びたいのではないでしょうか。たしかに、間違いがあっては困りますから、直接税務署の職員に見てもらいたいという気持ちはわかります。でも、あまりすすめられません。

というのも、確定申告の時期の税務署はひじょうに混み合っているからです。つぎからつぎへとくる納税者の対応で、職員がじっくりと申告書をチェックできる状況ではありません。**じっさいに細かくチェックがなされるのは、確定申告書を提出したあとになるので、何か間違いがあれば、税務署に呼び出されてふたたび時間が取られる可能性もあります。**

そこで、「e-Tax」と「郵送」のどちらを選ぶかということになります。これらの方法を選べば、税務署に行かずに確定申告を済ませることができます。

e-Taxとは、電子申告を意味します。つまり、インターネットを使って申告書のデータをつくり、税務署に送信するという方法です。私がe-Taxをおすすめする最大の理由は、これが節税につながるからに他なりません。

まず知っておいていただきたいのが、税制改正によって令和2年分の確定申告から、青色申告特別控除が従来の65万円から55万円に引き下げられるということです。ただし、その代わりに誰でも使える所得控除である「基礎控除」が38万円から48万円にアップするので、プラスマイナスゼロになります。

あわせて、この税制改正を受けて、「青色申告の人がe-Taxで申告をすると、青色申告特別控除が最大65万円になる」というルールもできました。つまり、青色申告の人がe-Taxを使えば、従来よりも所得控除額を10万円増やせるということです。

所得控除が10万円増えるということは、所得税は年間5000〜4万5000円、住民税は年間1万円を節約できる計算です。これが毎年つづくわけですから、使わない手はありません。

e-Taxを使ったことのない人は、「難しいのでは」と思われるかもしれません。でも、使い慣れれば、むしろスムーズに確定申告をすることができます。基本的に24時間いつでも確定申告ができますし、切手や封筒の準備も必要ありません。土日でも申告期限の3月15日の夜でも、確定申告の手続きを完了させることができます。

ただし、はじめてe-Taxを利用するには、準備が必要です。とりあえず、インターネットに接続できるパソコン、マイナンバーカード（電子証明書）、そのカードを読み取るリーダーを用意する必要があります。

また、事前にe-Taxの開始届出書を税務署に提出し、「識別番号」と呼ばれるナンバーを取得しなくてはなりません。

e-Taxのメリットは、「申告誤《あやま》りのリスクを下げる」という点にもあります。私も税務職員時代は確定申告書のチェックをおこなっていましたが、やはり手書きの申告書のほうが、誤りは多かったと記憶しています。どうしても税率を間違えたり、足し算や引き算が違っていたりということが起きてしまいます。その点、e-Taxは、入力間違いさえしなければ、システムが正しく計算してくれます。

それでも、「e-Taxは準備が面倒くさい」と思われるかもしれません。そういう方は、少なくとも国税庁のホームページにある「確定申告書等作成コーナー」を使って、確定申告書をつくるようにしましょう。ここからプリントアウトしたものを郵送すれば、それで確定申告が終わります。

郵送するときには、「郵便や信書便」を使って送るようにしてください。そうすると、消印の日付に確定申告書を提出したという扱いになるので、税務署に期限後に到着したとしても問題はありません。逆に、レターパックや宅配便で送ると、税務署に到着した日が申告日という扱いになるので、注意してください。

まとめると、青色申告をしている人は、節税効果があるのでe-Taxで確定申告をすることをおすすめします。それ以外の場合は、郵送でも問題ありませんが、国税庁ホームページを使うなどして、計算間違いのない申告書を作成するようにしましょう。

選択
42

いつも税理士さんにお願いしているけど
自分でできるようになれたら…

申告書の作成
「税理士に依頼」と
「自分でやる」
本当に得なのは？

正解 自分で申告できれば、メリットは大きい

確定申告書は、税理士に代理してもらうことができます。じっさい、フリーランスの人でも毎年税理士に記帳や確定申告書の作成を依頼している人は少なくないようです。

ただ、私の考えとしては、フリーランスなど、小さな規模でビジネスをしている人であれば、税理士に依頼する必要はありません。というのも、その代金に見合ったリターンを得るのが難しいからです。

税理士の報酬は、売上の規模や、どこまでの作業を依頼するかによっても変わりますが、フルで依頼をすると年間数十万円程度の費用がかかります。

もちろん、こうした費用が気にならなければ、時間の節約のために税理士に依頼するのはありです。でも、せっかくの節税効果が税理士費用で消えてしまうのはもったいないのではないでしょうか。

いまは、テクノロジーの発達によって、確定申告を誰でも手軽におこなえるようになっています。前項で触《ふ》れた国税庁のホームページの確定申告書等作成システムも、そのひとつです。

私が東京国税局に採用された平成16年の時点では、このようなシステムはなく、確定申告のパンフレットなどを見ながら、手書きで確定申告書をつくっていたものですが、いまはそんな必要はありません。

個人事業主であれば、確定申告書だけでなく帳簿をふだんからつくっておく必要がありますが、こちらも会計ソフトを使うことで解決することができます。とくに、近年存在感を増している「クラウド会計」を使えば、月数千円程度で、記帳や確定申告をすることができます。

私の場合、クラウド会計ソフトの「freee」を使っていますが、いまやなくてはならないツールになっています。会計や簿記《ぼき》の知識がなくても感覚的に記帳をすることができますし、請求や支払いの管理など、使える機能が豊富です。

どうしても税理士に依頼したいという場合でも、クラウド会計を使うことにはメリットがあります。**一般的に、税理士報酬は作業量に応じて報酬を段階的に設定しているので、「自分ができるところまではやる」ことで、税理士への支払いを節約することができます。**たとえば、ふだんの記帳までは自分でおこない、最後の決算書の取りまとめだけを税理士にお願いするといった方法が考えられます。

まずは自分のできるところから、チャレンジしてみましょう。

【会計ソフトfreeeの料金プラン（個人事業主向け）】

	スターター 必要最低限の機能を利用し、確定申告を済ませたい	スタンダード 日々の経理の効率化から確定申告まで一括でおこないたい	プレミアム 確定申告に対する不安についてトータルサポートを受けたい
月額払いの場合の料金	980円／月（税抜）	1,980円／月（税抜）	39,800円／月（税抜）
確定申告書の作成・出力	◎	◎	◎
銀行口座やクレジットカードとの同期	◎	◎	◎
請求書の作成	◎	◎	◎
領収書の写真から仕訳データ自動取得	×（月5枚まで）	◎	◎
消費税申告	×	◎	◎
月次推移／資金繰り／売掛／買掛レポート	×	◎	◎
メール・チャットサポート	○	◎（優先対応）	◎（優先対応）
電話サポート	×	×	◎
税務調査サポート補償	×	×	◎

＊クラウド会計ソフト「freee」公式ホームページより引用

選択
43

確定申告の相談「税務署に行く」と「電話する」どっちがおすすめ？

やっぱり、直接顔を見て相談したほうがいいよね…

正解　税務署は超混雑するので、できるだけ電話で済ませる

前項では、自分で確定申告をすることをすすめましたが、やはり判断に迷う場面は出てくるものです。インターネットなどで調べることもできますが、それでも結論が出ないこともあると思います。

そういうときは、素直に税務署に聞いてみましょう。このとき、「税務署に行く」と「電話で聞く」というふたつの選択肢があります。

あまり手間をかけたくない人には電話をおすすめしますが、いずれにしても、気をつけたいポイントがあります。

まず、「税務署で聞く」をすすめないのは、先にも述べましたが、とにかく混み合うからです。税務署によって、庁舎内に相談会場を設けたり、外部の大きなホールで相談を受け付けたりといった工夫をしていますが、それでも混雑は必至で、ときには建物の外まで行列が延びることがあります。

一方、電話で聞く場合には、自動音声による案内をよく聞くようにしてください。じつは、

東京国税局管内では、確定申告に関する一般的な相談は、どこの税務署の電話番号にかけたとしても、「国税局電話相談センター」につながることになっています。つまり、税務署にはつながっていません。

そのため、相続税など確定申告とは関係ないことを相談したい場合や、税務署の担当者と直接話したいといった場合は、プッシュする番号に注意する必要があります。

ただし、一般的な相談であるにもかかわらず、税務署に直接つないでもらうのは、あまりすすめられません。確定申告の時期、税務署の職員は相談対応に出払っている場合が多く、もしつながったとしても、やはり国税局電話相談センターに転送されてしまうからです。

なお、**電話で相談をする場合は、事前に質問内容を整理しておき、1回で終わらせるようにしておいたほうがスムーズです。**国税局電話相談センターには、ひっきりなしに電話がかかってくるので、いったん電話を切ってから、同じ担当者につないでもらうことができません。つまり、2回目の電話のときには、あらためて1回目の電話で話したことを説明しなくてはならないということです。

こうしたポイントに注意しておけば、確定申告にまつわる疑問点は、電話だけで十分に解決することができるでしょう。

選択
44

「正確でなくても期限内に申告」と「間違いなく仕上げて期限後に申告」得なのはどっち？

期限にどうしても間に合わない。
さて、どうしようか…

正解 「期限内に申告する」ことが何よりも大切

確定申告には期限があります。もちろん、期限までにきちんと正しく申告をするのが一番ですが、ときにはどうしても間に合わないという場合もあるでしょう。

そうした場合、「まだ内容は不安だけど期限内に出す」または「遅れてしまうけれど、きちんと計算して出す」という選択に迫《せま》られます。

結論としては、完璧な内容の確定申告書をつくるよりも、期限を守るほうを優先させてください。なぜなら、ペナルティの重さに違いがあるからです。

確定申告の内容に誤りがあったり、期限に間に合わなかったりすると、「加算税」という名目で、追徴《ついちょう》税が加算されます。この加算税には3種類ありますので、まずはその特徴を理解しておきましょう。

①過少申告加算税

過少申告(本来の税額よりも少ない税額で申告)であったため、申告のやり直し(修正申告)

をした場合に課せられるもの。

②無申告加算税

無申告（確定申告の期限までに申告していない）であったため、申告期限後に申告（期限後申告）をした場合に課せられるもの。

③重加算税

意図的に少なく申告するなど、「仮装・隠蔽《いんぺい》」があった場合に課せられるもの。「仮装・隠蔽」とは、意図的に領収書を改ざんしたり、売上を隠したりするような、いわゆる脱税行為のことを指します。

③は脱税行為ですから、絶対にやってはいけません。その分ペナルティがひじょうに重くなっていて、最大で50%もの税額が加算されます。

ここでの設問に関係するのは、①と②の違いです。過少申告加算税は5～15%、無申告加算税は10～20%という設定になっているので、無申告加算税のほうが、税率が高いことがわかるでしょう。

つまり、期限に遅れて確定申告をするよりも、間違えていたとしても期限内に確定申告をしたほうが、追徴税は少なくて済むということです。

しかも、見逃してはいけないのは、加算税の税率を掛ける金額の違いです。

たとえば、Aさんが本来申告すべき所得税が100万円だったとします。このAさんが、「期限内に80万円で申告をしていた場合」と「期限後に申告をした場合」を比較してみます。

前者の場合、過少申告加算税の税率が10%だとすると、その額は以下のように計算されます。

(100万円－80万円)×10%＝2万円

つぎに、後者の場合を計算します。この場合、無申告加算税の税率は15%と仮定します。

(100万円－0円)×15%＝15万円

いかがでしょうか。**加算税そのものの税率の差は5%ですが、その額をくらべると、7・5倍もの差があります**。これは算式からもわかるとおり、過少申告加算税の場合、期限内に申告していた税額分は対象にならないからです。

しかも、過少申告加算税については、みずから申告のやり直し(修正申告といいます)をした場合、対象外にするというルールがあります。これは、税務調査の通知がくるまでに限定されているのですが、要は税務署から指摘を受ける前であれば、自分から修正申告をすれば、加算税はまったくかからないというケースもあります。

一方、無申告加算税の場合は、みずから期限後に確定申告をしても、最低5％は課されます。期限から1日遅れただけで、このように不利な状況になってしまうのです。

さらにもうひとつ、忘れてはならないのが、3月15日は確定申告の期限であると同時に、納税の期限でもあるという点。たとえ確定申告が期限内にできたとしても、納税が遅れれば「延滞税」という別の追徴税が課されます。

じつは、期限内に申告をしておいたほうがいいというのは、延滞税の側面からもいえます。なぜなら、たとえ計算した税額を間違えていたとしても、期限内に確定申告をして、その金額を納税しておけば、未納の税額を少なくすることができるからです。

まとめると、確定申告についてのペナルティには過少申告加算税、無申告加算税、重加算税があります。そして税金の未納に対するペナルティは延滞税です。**まずは期限内に確定申告をすることを徹底してください。そのうえで、内容に自信がないのであれば、できるだけ早めに内容を確認して、必要に応じて自主的に修正申告をすると安心です。**

一番怖いのは、間違えたまま放置しておいて、税務調査を受けることです。そうすると追徴税がかなり増えてしまいますから、そういった状態にならないように早めに確定申告の準備をしておきましょう。

選択
45

計算が不安なとき「多めに申告」と「少なめに申告」どっちを選ぶ?

しっかり計算できているか、あまり自信がない…

正解 追徴税を確実に避けるには「多めに申告」が安心

前項で、確定申告の内容に不安があったとしても、期限内に申告書を出すことをすすめました。では、もし間違えるのであれば、「多めに申告する」と「少なめに申告する」では、どちらがいいのでしょうか？

これはおわかりでしょう。多めに申告をするほうが、あとあとの追徴税を避けるうえでは有効です。加算税や延滞税は、本来の税金の申告や納税に対して「不足」する場合に課せられるものですから、多めに申告・納税しておけば、追徴税はかかりません。

もちろん、あとから確定申告のやり直しをすれば、納めすぎた税金は戻ってくるので、安心です。では、確定申告をやり直す手続きについてここで整理しておきましょう。基本的につぎの4パターンの方法があります。

①確定申告の期限内に申告をやり直す場合→**訂正申告**
②本来の税額よりも少なく申告していて、期限を過ぎてからやり直す場合→**修正申告**

③期限内に申告をしていなかった場合→**期限後申告**
④本来の税額よりも多く申告していたので、期限を過ぎてからやり直す場合→**更正の請求**

もし、多めの税額で確定申告をしていたのなら、更正の請求書と添付書類を提出すると、税務署にて審査がおこなわれ、問題がなければ還付金《かんぷきん》が戻ってきます。還付金が戻ってくるタイミングは、通常、「更正の請求を提出した日から3か月以内」です。

更正の請求をできる期間については、原則として「法定申告期限から5年」というルールになっています。たとえば令和元年分の所得税であれば、法定申告期限は令和2年3月16日（3月15日は日曜なので、16日になります）ですから、この日から5年以内に更正の請求の手続きをすることができます。以前は、更正の請求をできる期間は1年だったのですが、いまはある程度あわてずに手続きできるようになっています。

更正の請求に使う様式は、確定申告書とは異なります。そのため、自分でつくるのが難しいと思うかもしれませんが、国税庁ホームページの確定申告書等作成コーナーには更正の請求書をつくる機能もありますので、こちらを利用するといいでしょう。

気をつけておきたいのは、更正の請求をする際には、「事実を証明する書類」が必要になるという点です。たとえば、医療費控除の申告を忘れていたような場合は、医療費の領収書を、更正の請求の添付書類として提出する必要があります。こうした書類がなければ、更正の請求が認められない可能性がありますので、関係のありそうな書類は、捨てずに取っておくようにしましょう。

余談になりますが、確定申告に限らず、常日頃から「証拠書類」をきちんと取っておくことは心がけておきたい点です。

私は東京国税局を退職する直前の3年間は、東京国税不服審判所に配属され、納税者による国（税務署・国税局）に対する不服審査に従事していました。税務調査などによる処分に不服がある場合に、訴え出るセクションです。

このとき、納税者と国、双方の主張を聞くことになるのですが、結局判断を分けるのは証拠の有無《うむ》によります。とくに、必要経費などの情報については、納税者がみずから証拠を示して立証するしかありません。

更正の請求をするときにも、この点は意識しておいてください。証拠書類が不十分だと、更正の請求が認められないという可能性もありますので、気をつけましょう。

選択46

「現金納付」と「クレジットカード納付」得なのはどっち？

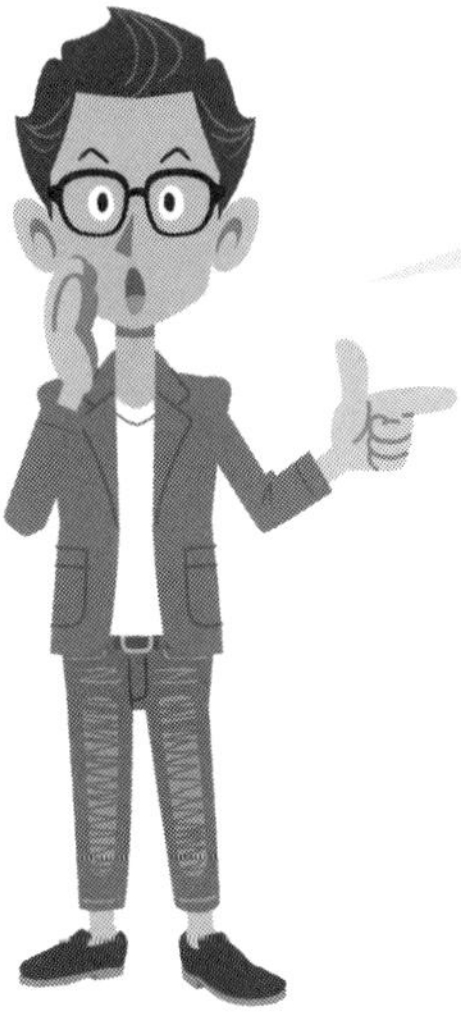
カード納付はポイントも付くからお得でしょ？

正解 手数料がかからない「現金納付」がおすすめ

つぎに納税のトピックに移りましょう。私が税務職員時代、よく耳にしたのが、「確定申告書を出せば、あとから納税の案内が送られてくると思っていた」という勘違いでした。

残念ながら、このような案内を税務署はおこなっていません。確定申告が自主申告であるのと同じく、納税についても基本的には自主的におこなうものと理解しておきましょう。

以前は、納税をするためには、税務署か金融機関に出向き、紙の納付書に必要事項を記載して納めるしかありませんでした。しかし、近年は納税方法が複数増え、納税者にとっては便利になっています。所得税の納税方法は、現在おもにつぎの6種類のものがあります。

①現金納付
②振替納税
③コンビニ払い
④インターネットバンキング払い

⑤ダイレクト納付
⑥クレジットカード納付

このうち、①～⑤に関しては、実質的な納税額に影響はありません。たとえば令和元年分の所得税が100万円なら、手元から100万円が納税でなくなるということです。

ところが⑥のクレジットカード納付だけは違います。というのも、クレジットカードなので、ポイントがつくからです。

クレジットカード納付がスタートしたのは2017年のこと。私はぜひ使いたいと考えました。ちょうどその年に私がフリーランスとして独立したということもあり、納税にポイントがつくという点にメリットを感じたのです。すべてのカードにポイントがつくわけではないので、カード会社に確認する必要がありますが、24時間いつでも納税できる点や、分割払いにできる点もメリットといえるでしょう。

ところが、結局はクレジットカード納付を使わないことにしました。調べると、デメリットがあることに気づいたからです。じつは、**クレジットカード納付をすると決済手数料がかかります。**ふだんクレジットカードでショッピングなどをするときには、リボ払いでもない限り手

【クレジットカード納付の手数料】

納付税額	決済手数料（税別）
1円～10,000円	76円
10,000円超　20,000円以下	152円
20,000円超　30,000円以下	228円
30,000円超　40,000円以下	304円
40,000円超　50,000円以下	380円
以降、10,000円を超えるごとに決済手数料76円（税別）が加算される。	

数料はかかりません。ですから、私も手数料がかかるとはまったく考えていなかったのですが、納税でクレジットカードを使うときには違うようです。

決済手数料の具体的な金額としては、納付税額1万円あたり76円（税別）。消費税10％を加味《かみ》すると約0・83％の割合ということです。

一方、クレジットカードのポイントはというと、一般的には0・5％程度ですから、クレジットカード納付の決済手数料のほうが高いという計算です。

しかも、クレジットカードには限度額がありますから、納税に使うことによって、限度額を使い切ってしまう心配があります。

以上の理由で、私はクレジットカード納付を使わないことにしました。もっとも、ポイント条件の良いカードをもっている場合は、検討する価値はあるでしょう。

選択
47

「現金納付」と「振替納税」得なのはどっち？

現金でも口座引き落としでも変わりはないですよね？

正解 期限までに資金を用意できなくても、「振替納税」なら何とかなる

もうひとつ、別の切り口から納税方法について説明しましょう。ここで比較するのは、「現金納付」と「振替納税」です。

現金納付は、税務署や金融機関で現金払いする方法です。

一方、振替納税というのは、要は口座引き落としのこと。あらかじめ引き落とし口座を税務署に届けておけば、決まった日に納税額が落ちるしくみになっています。

このどちらを選ぶべきかを考えると、振替納税がいいと私は思います。メリットは大きく2点あります。

①納税忘れを防ぐことができる

振替納税は、税金の納付期限までに「預金口座振替依頼書兼納付書送付依頼書」(以下、「振替依頼書」)を提出することで利用できます。

一度その手続きをしておけば、以降の年分の所得税も自動的に口座振替にしてくれるので、

納税忘れを防げます。わざわざ納付書を使って税務署や金融機関などに出向く必要もなくなります。

②納税日を遅らせることができる

振替納税の最大のメリットは、納税を約1か月遅らせることができるという点です。たとえば、平成30年分の所得税は、平成31年3月15日が納期限でしたが、振替納税を使った場合、その引き落とし日は平成31年4月20日に設定されていました。年によって多少ずれることはありますが、基本的に毎年このように、じっさいの納期限よりも1か月程度あとに引き落とし日が設定されています。

これは大した違いではないように思えますが、資金繰りが日々変動する自営業者にとっては、助かることも少なくないはずです。**もし、3月15日までに納税資金を用意できなくとも、4月の口座引き落とし日までに用意できれば、未納にならないので、延滞税がかかることもありません。**クレジットカード納付のように手数料もかからないので、気軽に利用できる点も助かります。

ただし、振替納税を使うときには注意点もあります。残高不足のリスクです。これは公共料金などの口座引き落としにもいえる問題ですが、指定した口座の残高が不足していれば、当然ながら税額の引き落としはおこなわれません。

そうすると、**納期限の翌日以降ずっと未納だったのと同じ扱いになり、未納日数に応じた延滞税がかかります**。振替納税を利用する際は、こういう事態にならないように、口座の残高をチェックして、他の口座引き落としの状況もあわせて管理することが大切です。

もうひとつの注意点は、振替納税の手続きは、税務署単位でおこなうということです。たとえば渋谷区に住んでいる人は、渋谷税務署に振替依頼書を提出します。この人が中野区に引っ越せば、新たに中野税務署に振替依頼書を出さなくてはなりません。

よくある勘違いは、確定申告書の様式を見るとわかるのですが、第1表の右下に銀行の口座情報を書く欄があります。ここに引き落とし口座のつもりで記入してしまうと問題です。

この欄は振替納税とはまったく関係ありません。還付金がある場合の振込口座を指定する欄ですから、振替納税を希望するときは、この欄に書いても意味がないのです。税務署で確定申告の相談に応じていたころ、この欄に記入すれば、納税の手続きが終わったと勘違いしている人を何度か見たことがあります。

選択
48

追徴税を課されるのはイヤだけど
納税できないものはできない…

納税資金を用意できないとき「放っておく」と「税務署に相談」正解はどっち？

正解

納税できないときは、早めに税務署で「延納」の相談を

「事業で得た利益をぜんぶ使ってしまった」

「節税に失敗して、予想外の納税額になってしまった」

こうした場合、期限までに納税することが難しくなってしまいます。期限までに納税できなければ、追徴税が課されますから、税負担が増えることを覚悟しなくてはなりません。

ただ、「延納」という手続きをすることで、加算される税額を軽減することができます。期限までに納税をせずに放置している状態を「滞納」といいますが、延納と滞納の違いを知っておきましょう。

延納とは、税金の納税を延期させることができる手続きで、所得税や贈与税などに使えます。しくみとしては、まずは3月15日までに納税額の2分の1以上を納付すれば、残りの税金については5月末まで納税期限を延長することができるというものです。

手続きはシンプルで、確定申告書に延納について記載する欄があるので、ここに申告期限までに納税する金額と、延納をしたい金額を書くだけです。

期限が延長されるものの、3月16日から5月末までの期間は、「利子税」という名目で税金が加算されます。

利子税の割合は、「年7・3%」と「特例基準割合」のいずれか低いほうと定められていて、特例基準割合は年によって変動します。たとえば、平成30年から令和元年は特例基準割合が年1・6%なので、利子税の割合も1・6%となっています。

では、延納の手続きをしていなかったらどうなるでしょうか。これはすでに説明したとおりで、滞納という扱いになり、未納の日数に応じた延滞税がかかります。

延滞税の割合は、納期限の翌日から2か月を経過する日までの期間については、「年7・3%」と「特例基準割合+1%」のいずれか低いほうなので、平成30年から令和元年は2・6%です。

まとめると、延納と滞納をくらべると、追加される税金の割合は年1%違うということになります。これだけを見ると、あまり大きな違いは感じられないのではないでしょうか。

ところが、延納と滞納の違いは、税負担の差だけの問題ではありません。まず、税務署からの見え方として、延納は「納税する意志」が見えるのに対し、滞納はいうなれば「納税を無視している状態」です。

納期までに税金が納められておらず、延納の届け出もなければ、税務署は納税者に対して督《とく》

促《そく》をおこないます。それでもなお納税がなければ、より重たい滞納処分に動きます。たとえば自宅の財産調査がおこなわれたり、財産を差し押さえられたりといった処分がなされる可能性が出てくるのです。

一般的に差し押さえの対象になるのは、不動産や預貯金ですが、場合によっては毎月の給料や売上金を差し押さえられる可能性もあります。そうすると、会社や取引先に迷惑がかかってしまうかもしれません。

財産が差し押さえられると、その後、競売《けいばい》という処分に移ります。つまり強制的に売却されるということで、このお金は未納税額に充てられます。

もし「差し押さえられる財産なんてないから平気」と考えている人がいたら、それは甘い考えです。税金の納税義務は子孫に相続されますし、贈与税の場合、贈与を受けた人が税金を払わなければ、贈与をした側の人に納税義務が課されるルールになっているので、身内に迷惑がかかってしまいます。

このように、滞納処分はひじょうに重たいものですから、できるだけ税務署から督促を受けるような状態にしないことが大切です。そのためにも、売上の一部を納税資金として確保しておく習慣をつけておきましょう。

選択
49

予定納税を「する」「しない」得なのはどっち？

納税を早めたところで、メリットはあるの？

正解　資金に余裕がある人は「予定納税」で利息をゲット

税金の納税に関して、ちょっとした裏ワザがあります。

前項で、延滞税や利子税について説明しました。税金は遅れれば遅れるほど増えていくものということは理解いただけたのではないでしょうか。

これは、逆のこともいえます。つまり、早めに納税をしておくことで、実質的に税負担を減らす方法があるのです。そのために使える方法が「予定納税」です。

予定納税とは、前年分の申告納税額をもとに、「当年の予定納税基準額」を割り出して、15万円以上になる場合に使えるものです。この条件に合致する人には、税務署から通知がくるので、その内容にしたがって早めに納税をすることになります。

「当年の予定納税基準額」の計算については、基本的に前年の納税額がベースになっています。とにかく、たくさん納税をした人は、翌年の予定納税が必要になるというイメージをもっておいてください。

予定納税の対象になると、予定納税基準額の3分の1の金額を2回に分けて納税します。1

回目は7月1日〜31日、２回目は11月1日〜30日です。最後は確定申告の計算をじっさいにやってみて、差額を精算するという流れになります。

精算をしてみると、納税になる場合もあれば、還付になる場合もあるでしょう。たとえば、令和元年とくらべて令和２年のほうが、業績が悪化したような場合、予定納税の金額は令和元年を基準に算定されていますが、令和２年の業績にもとづいて確定申告をすると、予定納税の額よりも、確定申告で出てきた税額のほうが少なくなっているはずです。この場合、還付金を受け取ることができます。

しかも、予定納税した金額をあとから還付金として受け取る場合、「還付加算金」という利息のような性格の金額が加算される可能性があります。

還付加算金の割合は、利子税と同じく、「年７・３％」と「特例基準割合」のいずれか低い割合が適用されます。

平成30年分と令和元年分の還付加算金の割合は年率１・６％ということです。所得税の予定納税の場合、一般的には12月1日を起算日として、その後還付金が決定する日までの日数に応じて還付加算金が算出されます。

じっさいの計算はかなり複雑なので、ここでは説明しませんが、予定納税をして、その後還付金が出てくるというのは、「国に対してお金を貸していた」ということと同じです。そのため、利息として還付加算金をもらえるという構図になっています。

投資という見方をすると、年率1・6％というのは魅力的です。いまや銀行の定期預金の金利でさえも1％を下回る状況ですから、銀行に置いておくお金があるのであれば、とりあえず予定納税をしておくのは、合理的な選択だと思います。

ただし、予定納税をするには、それなりの資金を用意しておかなくてはいけません。予定納税の通知がきたのに、納税をせずに放っておくと延滞税がかかってしまいます。

そういった意味では、予定納税を活用したい人は、つねに売上などのうち一定額を納税資金として確保しておくとよいでしょう。

もし、**予定納税の通知がきたけれど、業績が悪化するなどして納税をする余裕がないときには、「減額申請」の手続きをおこないましょう。**その年の6月30日の状況によって、7月15日までに「予定納税額の減額申請書」を税務署に出すことで、予定納税額を減額してもらうことができます。

予定納税による還付加算金は、誰でも使えるというものではありませんが、とくに年によって業績が大きく動くような場合は、少なくないメリットになる可能性があります。

選択
50

住民税の納め方「給与から差引き」と「自分で納付」どっちを選ぶ？

正解　副業を会社に知られたくなければ「自分で納付」

本書ではこれまでおもに所得税や贈与税の話をしてきましたが、最後に住民税のトピックについても触れておきたいと思います。すでに説明したとおり、所得税の確定申告をすると、その情報が市区町村に引き継がれ、住民税の通知がおこなわれます。

そのため、確定申告書のなかには、住民税に関する記載欄がいくつかあります。そのうちのひとつに、「住民税の徴収方法」を選択する欄があるのをご存じでしょうか。「徴収方法」という表現ですが、要は納税方法のことです。

住民税は、給与や公的年金にかかるものであれば源泉徴収がなされますが、その他の所得にかかる住民税については、納税方法をみずから選ぶことができます。

確定申告書にある住民税の徴収方法の欄は、「給与から差引き」と「自分で納付」のいずれかに○をつけるかたちになっています。

この選択で気をつけたいのが、「給与から差引き」を選ぶと、たとえば秘密にしていた副業が会社にバレるといった事態になる可能性がある点です。

会社員をしながら、週末に副業をしていたとしましょう。そうすると、確定申告では給与所得と雑《ざつ》所得を確定申告することになります。

この確定申告において、**住民税の徴収方法を「給与から差引き」を選んでしまうと、給与所得だけでなく、雑所得にかかる住民税までまとめて会社に通知され、給与から源泉徴収されることになるのです。**

すると、何が起きるでしょうか。その通知を見た経理担当者などから「同じ給与のはずなのに、AさんよりBさんのほうが、住民税が高い。副業でもしているのでは？」といった疑念《ぎねん》を抱かれる可能性があります。

かまわないという人もいると思いますが、やはりサラリーマンをしていて、他の収入があることを会社に知られるのは、あまり気持ちのいいことではありません。場合によっては会社の査定に響く可能性も考えられます。

事業所得の存在を会社に知らせたくないのであれば、確定申告をする際に、住民税の徴収方法について「自分で納付」を確実に選択しておくことです。これさえ守れれば、会社への通知から副業がバレるといったことはなくなります。

ただし、「自分で納付」を選んだ場合、納税忘れにはよくよく注意してください。

おわりに

確定申告のために請求書やレシートなどを整理していると、1年間にあった出来事が思い返されます。

私の本職はライターなので、「こんな仕事をしたな」「取材であんなところに行ったっけ」というようなことを思い出しながら、確定申告の準備をしています。

そうしてできあがった確定申告書は、私にとっては1年間の成績表のようなものです。その年の売上や必要経費などが一目瞭然《いちもくりょうぜん》になり、最終的な税額もはっきりとわかります。

その瞬間、「去年は仕事がたくさんできてよかった」「節税もうまくできた」と達成感が得られます。そしてまた、つぎの1年に向けて気持ちを切り替えています。

本書を執筆しながら、私があらためて感じたのは「税金のしくみはやはり複雑」ということでした。できるだけわかりやすくお伝えするために、「得なのはどっち?」という観点からシンプルにまとめましたが、ケースバイケースのルールが多く、「大まかな考え方」と「細かいルール」を書き分けるバランスに苦慮《くりょ》しました。

税金のしくみが複雑なのは、「公平な税制」をめざしていることに理由があります。たとえば収入の低い人の税率を低くしたり、自宅の売却益に特例を設けたりしているのも、公平性を確保するためです。

しかし、このような配慮がなされた税制も、使われなくては意味がないと私は考えます。もし、同じような立場の人が、同じように利益を獲得したのに、節税について知っているか、知らないかによって負担額が違うというのは、やはり不公平です。

私は、幸いにして東京国税局の職員だったという経験から、税金のしくみを理解することができ、独立後は自身の節税にも活用しています。そうした知識をライターとして多くの人に伝えるのが、いまの私の役割ではないかと考えています。

本書を読み、知識を大まかにでも頭に入れておいていただければ、税金に関して、より正しい選択をすることができるはずです。

もちろん、それぞれのシチュエーションによって活用できる情報は異なると思いますが、まずはひとつでもふたつでも、自身に取り入れられるアイデアがあれば、ぜひ実行してみてください。そのときは、年々少しずつ変わる税金のルールをあらためて確認していただければと思います。

読者のみなさまが、本書を通じて確定申告にまつわる疑問を少しでも解消していただけたのなら、著者としてこれ以上の幸せはありません。

小林義崇 こばやし・よしたか
1981年、福岡県生まれ。西南学院大学商学部卒業。2004年に東京国税局の国税専門官として採用され、以後、都内の税務署、東京国税局、東京国税不服審判所において、相続税の調査や所得税の確定申告対応、不服審査業務等に従事。2017年7月、東京国税局を辞職し、フリーライターに転身。書籍や雑誌、Webメディアを中心とする精力的な執筆活動に加え、お金に関するセミナーも行っている。

確定申告
所得・必要経費・控除
得なのはどっち？

2019年11月10日　初版印刷
2019年12月５日　初刷発行

著者――小林義崇

発行者――小野寺優

発行所――株式会社河出書房新社

〒151-0051 東京都渋谷区千駄ヶ谷2-32-2

電話(03)3404-1201(営業)

http://www.kawade.co.jp/

企画・編集――株式会社夢の設計社

〒162-0801 東京都新宿区山吹町261

電話(03)3267-7851(編集)

DTP――イールプランニング

印刷・製本――中央精版印刷株式会社

Printed in Japan ISBN978-4-309-24934-6